一城明月 半城机声

——苏州丝绸的集体记忆

魏保信 朱艳 主编

文汇出版社

编委会

主　　编：魏保信　朱艳
副 主 编：王　晨　沈　惠
执行主编：朱　艳
编　　写：朱艳　沈洁　陈洁　崔粲　郑凤鸣

目 录

第一章

第一节　古老的丝绸印记　　　　　　　　　　　3
第二节　丝帛之绕，衣复天下　　　　　　　　　9
第三节　诗词中的苏州丝绸　　　　　　　　　17

第二章

第一节　苏州官营丝绸生产　　　　　　　　　25
第二节　《红楼梦》——打开清朝官营织造府的钥匙　　36
第三节　民国时期苏州丝绸业的救亡路　　　　47
第四节　推动丝绸工业发展的那些人　　　　　55

第三章

第一节　新中国成立后的丝绸发展　　　　　　65
第二节　值得被记住的那些故事　　　　　　　71
第三节　大街小巷的丝绸记忆　　　　　　　　80

第四章

第一节　应运而生的苏州丝绸博物馆　　　　　87
第二节　光阴里的丝绸足迹　　　　　　　　　92
第三节　苏州丝绸的未来与发展　　　　　　104

【第一章】

一城明月 半城机声

苏州丝绸的集体记忆

第一节　古老的丝绸印记

悠久绚烂的中华文明，孕育出众多的文化瑰宝，丝绸文化便是其中的一颗明珠。仰韶文化时期的河南荥阳汪沟遗址距今有5500多年，在此遗址内的4个瓮棺中发现的丝织品的残存是目前已知中国最早的丝绸[1]。而在浙江湖州钱山漾遗址中出土的绢片、丝带等丝织品，经过科学鉴定是以家蚕丝为原料织成的平纹织物，向世人证明了4600多年前生活在太湖畔的先民已经掌握了缫丝织绸的本领，这也是迄今长江流域发现的最早的丝绸文物。

在苏州，也有两处古老的文化遗存，向我们展示着纺织文明的渊源。

草鞋山遗址位于苏州工业园区唯亭镇，发现于1956年，因遗址中心有"草鞋山"土墩而得名。该遗址文化堆积层包括马家浜文化、崧泽文化、良渚文化、春秋吴越文化，是研究长江下游太湖流域古代文化的标尺，是苏州地区古代文化的缩影。遗址中出土的陶制纺轮、骨制梭形器、木制绞纱棒等纺织及缝纫用具，仿佛还原出6000年前苏州这片土地上人们的纺织日常。草鞋山遗址中出土的马家浜文化时期的三块炭化纺织品残片，经鉴定是以野生葛为原料的织物。

1　中新网.河南荥阳汪沟遗址发现目前中国最早丝绸
[http://www.chinanews.com/tp/hd2011/2019/12-03/916874.shtml]，2019-12-03/2020-02-12

【第一章】

第一节 古老的丝绸印记

苏州工业园区唯亭镇草鞋山遗址

草鞋山遗址出土的葛布

梅堰新石器时代遗址位于吴江梅堰镇东北袁家埭，面积约为65250平方米，发现于1958年，遗址上层为良渚文化层，下层为马家浜文化层，其中出土了刻有蚕桑图案的陶罐、纺织用的纺轮，这表明在5000多年前，养蚕和纺织是吴江地区先人们日常生活的一部分，他们用自己的智慧奏响了"丝绸之府"的序曲。

历史的车轮缓缓向前，中华大地的先民从原始社会跨入奴隶社会。夏代，《夏小正》："三月，摄桑。桑摄而记之，急桑也。……妾、子始蚕。先妾而后子，何也？曰：事有渐也，言事自卑者始。"《夏小正》记录了当时的农业大事，古人根据时节打理桑树、养蚕，这些经验一定是经年累月而成的。《礼记·明堂位》中提到"夏后氏之绸练"，《管子·轻重甲》则写道："伊尹以亳之游女工文绣，纂组一纯，得粟百钟于桀之国。"妇女们辛苦劳作织绸，可以换来粮食，纺织一定是妇女们的必修课吧。夏朝天下分九州，苏州属扬州，《尚书·禹贡》有载："岛夷卉服。厥篚织贝，厥包桔柚。"这里提到的贡品"织贝",据推测是一种贝壳纹样的彩色丝织锦帛。

商代经济发展达到新的高峰,丝织业也有了长足发展。《说苑·反质》:"纣为鹿台糟丘……锦绣被堂……非惟锦绣绮纻之用耶?"《帝王世纪》描写纣"多发美女,以充倾宫之室,妇女衣绫纨者三百余人"。在殷商时期遗址出土的青铜器等器物中,发现了包裹在器物表面丝织物的残迹。著名考古学家夏鼐先生认为:"根据这些考古材料所反映的殷代丝织技术的成熟程度而言,在它以前应该有一段发展过程。"[2] 殷商末年,泰伯奔吴,在无锡梅里(今梅村一带)建立勾吴国,同时带来了渭河流域成熟的蚕桑技术,推动吴地蚕桑业发展。

周代文献中越来越多地出现与丝织品相关的文字,如《诗经》的《大雅·瞻仰》有"休其蚕织",《卫风·氓》有"抱布贸丝",《左传·哀公七年》有"执玉帛者万国"。东周时期的丝绸实物也在考古中陆续被发现:如1965年发掘的湖北江陵望山的两座楚墓。一号墓有"提花丝帛"和"绫",二号墓有刺绣、木俑的绢衣和丝质假发。东周时期还出现了织锦,如江西靖安东周墓就出土了狩猎纹锦、方孔纱、条形几何纹锦等,值得一提的是这件狩猎纹锦,原件在整片衣物中为条带状,宽度约5—6厘米,似为服装的衣襟领饰。此文物经线密度高达每厘米240根,是目前我国古代最高经密度的织锦。苏州丝绸博物馆展厅内陈列的狩猎纹锦复制品是苏州丝绸博物馆科研人员通过研究文物原件组织结构后复制的,证实了东周时期就已经拥有了织造高密度织锦的精湛技术。在青铜器上也出现了与蚕桑相关的纹饰,故宫博物院藏宴乐渔猎攻战纹图壶上就描绘了采桑场景:采桑组树上、下共有采桑和运桑者五人,表现妇女在桑树上采摘桑叶,专家认为可能是后妃的蚕桑之礼。

---

2 夏鼐.我国古代蚕、桑、丝、绸的历史[J/OL].考古,1972-03-15/2020-02-12

第一章

第一节 古老的丝绸印记

春秋吴国时,苏州城内的"织里",为吴王宫廷所设,是织造锦绸的场所。《吴郡志》载:"织里桥,今讹为吉利桥。"吉利桥,位于今道前街与司前街交叉处,吉利与吴语"织里"发音相近。春秋吴国时另有"锦帆泾",《吴郡志》载:"锦帆泾即城里古城濠也,相传吴王锦帆以游,今濠故在,亦通大舟,间为民间所侵,有不通处。""锦帆泾"春秋时为子城的护城河,现苏州古城区内仍有"锦帆路",这些留存下来的地名,让我们感受到千年姑苏城中的丝绸印记。汉代刘向《说苑》中记载:"晋平公使叔向聘吴,吴人饰舟送之,左百人,右百人,有绣衣而豹裘者,有锦衣而狐裘者……"吴国时,仪仗队已经穿着刺绣及织锦服饰,说明当时吴国丝织业的兴盛,织物产量到达了一定的数量,丝织品还被吴王当作礼物馈赠中原各国。当时吴国丝织品声名远播,作为丝织业基础产业的蚕桑业,自然成了国民经济的命脉。《史记·吴太伯世家》记载:"九年,公子光伐楚,拔居巢、锺离。初,楚边邑卑梁氏之处女与吴边邑之女争桑,二女家怒相灭,两国边邑长闻之,怒而相攻,灭吴之边邑。吴王怒,故遂伐楚,取两都而去。"吴楚两国交界处的采桑女,因采桑之事起了争执,

采桑女

这本是一起民间纠纷，在春秋争霸的历史背景下，居然触发了一场战争，这也是中国古代文献中最早因蚕桑业引起的两国交战的记载，可以看出当时蚕桑业的重要性。

秦汉大一统局面的形成，促进了封建经济的大发展，为丝绸生产营造了良好的环境。西汉时期，丝绸的生产重心在黄河中下游地区。东汉开始，西南地区的蜀锦驰名全国。汉武帝击败匈奴打通了通向西域的河西走廊，汉代贸易的兴盛促进了中原和边疆、中国和东西邻邦经济、文化交流的发展，形成了著名的"丝绸之路"。此后，中国的丝绸通过丝绸之路输往中亚、西亚及欧洲。在很多考古发掘中均出土了汉代的丝绸实物，其中1972年出土于马王堆一号汉墓的素纱禅衣（现藏于湖南省博物馆），重量仅有49克，素纱是没有花纹的纱类平纹织物，禅衣指的是没有衬里的衣服。汉代人描述其薄如蝉翼，轻若云雾，是西汉时期纺织技术的巅峰之作。在苏州丝绸博物馆展厅内，陈列着"五星出东方利中国锦"护膊复制件，原件出土于西汉时期精绝国所在地新疆尼雅遗址，此件护膊结构上采用五重彩色经线排列，藏蓝为地，以蓝、绿、红、黄、白五色织出花纹，在祥云、孔雀、虎纹等纹样中镶嵌着"五星出东方利中国"铭文，"五星"指金木水火土，其色与护膊上五色相对应。古人认为当东方天际五星同出时，是大吉大利之兆。此护膊在织造中巧妙地将五经与五色、五星、五方、五行相对应，体现了我国古代染织工艺高超的技术水平，也是汉锦最高水平的代表，被国家文物局列入首批永久禁止出境的国宝级文物之一。苏州丝绸博物馆科研人员曾在此件文物出土时应邀前往尼雅进行技术分析，并于1999年获批对该文物进行复制，经过五年的研究和反复试验，2006年，"五星出东方利中国锦"护膊复制品通过验收，并被国家博物馆和新疆维吾尔自治区文物局收藏。

《三国志》载："当农桑时，以役事扰民者，举正以闻。"讲的是三国东吴时，孙权对于农桑的重视。此时苏州的丝绸生产已发展到有生织和熟织、素织和提花等技术。[3] 东吴末代皇帝孙皓挥霍无度，官员华覈上书劝诫未果。《三国志》卷六五《吴书·华覈传》中描述了当时奢靡的社会风气："今事多而役繁，民贫而俗奢，百工作无用之器，妇人为绮靡之饰，不勤麻枲，并绣文黼黻，转相仿效，耻独无有。兵民之家，犹复逐俗，内无儋石之储，而出有绫绮之服，至于富贾商贩之家，重以金银，奢恣尤甚。"绫绮等高级织物的普及，也从侧面反映了东吴末期的丝织业水平。

西晋永嘉之乱，开启北方五胡乱华的局面，中原陷入胡人分裂混战近130年，衣冠南渡，定都建康（今南京），带来了大量财富、先进的文化、成熟的生产技术，原来处于中原地区的蚕桑丝绸生产中心随之南移。与此同时，丝织手工业也从农家分化出来，进入城镇，进行专业织造，这些因素都为苏州丝绸的繁荣发展奠定了基础。

参考文献：

1. 中新网. 河南荥阳汪沟遗址发现目前中国最早丝绸［http://www.chinanews.com/tp/hd2011/2019/12-03/916874.shtml］, 2019-12-03/2020-02-12

2. 陈玉寅. 江苏吴江梅堰新石器时代遗址［J/OL］. 考古, 1963-06-13/2020-02-12

3. 李世超. 丝绸在历史上对苏州城市和社会发展的影响——苏州的蚕桑丝绸对苏州城市和社会发展的影响[2]［J/OL］. 江苏丝绸, 2008-01-28/2020-02-12

4. 范金民. 衣被天下：明清江南丝绸史研究［M］. 南京：江苏人民出版社, 2016

---

3 李世超. 丝绸在历史上对苏州城市和社会发展的影响——苏州的蚕桑丝绸对苏州城市和社会发展的影响[2][[J/OL]. 江苏丝绸, 2008-01-28/2020-02-12

第二节　丝帛之绕，衣复天下

隋统一中国后，国力趋于强盛，开通了南北大运河，大大方便了江南与北方的贸易往来，经济得到了进一步发展。到了唐代，社会安定，国富民强，中国成为当时的世界强国，江南农业和手工业发展迅速，使得社会分工进一步细化，城市手工业日益发达。

盛唐以前，江南地区丝织业的发展，远远落后于黄河流域。根据《唐六典》卷二十的记载，开元年间上缴的贡绢被分为八个等级，其中前四等绢产地为河南道、河北道，江南道生产的贡绢为第八等。

安史之乱后，唐朝由盛转衰，北方经济生产被战争所累，经济中心进一步南移。北方大量具有先进纺织技术人员的南迁，促进了南方丝织业的发展。仅苏州一地，唐初的人口11859户，到宝历初年（825）增加到约10万户，苏州成了当时闻名的繁华都市。安定富庶的南方成了财政收入的主要来源，丘濬《大学衍义补》曰："韩愈谓赋出天下，而江南居十九。"基于赋税的需求，迫使农户不得不加大农桑生产，进而促进了丝织业的发展。五代吴越国钱镠时期，采取了"世方喋血以事干戈，我且闭关而修蚕织"的政策，大力发展蚕桑丝织业，江南一带经济得到长足的发展，苏杭成为全国的富庶之地。

《吴郡志》载："唐之土贡，考之《唐书》，所贡：丝、葛、丝绵、八蚕丝、绯、绫布……"《大唐国要图》中写苏州贡：丝绢、绫绢、乌眼绫衫、段罗、纻布……说明当时苏州丝绸种类丰富。宋代王谠所撰的文言轶事小说《唐语林》卷七中有这么一个故事：唐李卫公在中书省时，他的一位僧人朋友告诉他说:"公见极南物极北有,即此义也。苏州所产,与沔、雍同;陇岂无吴县耶?所出蒲鱼菰鳖既同,彼人又能效苏之织纴,其他不可遍举。"这里面提到的"织纴"指的是丝绸生产技艺,"苏之织纴"成了当时其他地区的行业参照,不得不说当时苏州不仅丝绸种类丰富,织造技艺也是行业翘楚呢!

隋唐时期是中国丝绸图案极为丰富、绚烂变化的时代,有着"丰富、肥硕、浓郁、艳丽"的特色。唐代丝绸图案体现了当时兼容并蓄的时代背景,有吸收西域文化而形成的联珠团窠纹、秀丽典雅的花鸟纹、灵活生动的狩猎纹、简约素雅的几何纹……

联珠团窠纹是以交切的联珠圆为基本骨架,在圆圈内和四个圆圈相切留出的菱形内填饰图案花纹的团花纹样。这种纹样受波斯萨珊王朝(226—640)的影响,由粟特人通过丝绸之路传入,与中国本土文化相融合,采用了对称分布的形式,在纹样空隙处织入带有吉祥寓意的汉字,联珠圆内的图案也由狮子、骆驼等西域风格替换成花卉、人物、动物纹样等。联珠圆也逐渐由大圆演化为小圆,变为小窠的联珠纹,菱形空间多以小花或者几何纹连接。

黄地联珠胡羊纹锦残片,唐代,苏州丝绸博物馆藏

花鸟纹饰是唐代的流行图案，以花鸟为主题的折枝、缠枝为主流，内容丰富多彩，生机盎然。

《新唐书·地理志》记载的各地土贡：河南道、河北道盛行"独窠""二窠""四窠"绫；江南道则以"绣叶、花纹等绫"、越州"宝花、花纹等罗、十样花纹等绫"居多，可以看出当时南北流行纹饰的差异，植物纹饰是江南丝织物的主流图案。

宋朝的官营丝绸生产与民间丝织业十分发达，北宋崇宁元年（1102）"置局于苏杭"，南宋乾道四年（1168）建"作院"，这些官营织造场所主要用于生产御用丝绸和较高级的赏赐丝织物。南宋楼璹绘制的《蚕织图》，向我们展现了当时江浙一带蚕织户种桑、养蚕、缫丝、织锦的全过程。蚕桑生产成为家庭普遍的副业，苏州太湖中的洞庭山人"皆以树桑栀柑橘为常产"。范成大的《石湖诗集·春日田园杂兴》中详细描写了苏州农村养蚕、织绢等生活场景。"三旬蚕忌闭门中，邻曲都无步往踪。犹是晓晴风露下，采桑时节暂相逢。""百沸缲汤雪涌波，缲车嘈嘈雨鸣蓑。桑姑盆手交相贺，绵茧无多丝茧多。"宋代苏州民间丝织业发展出小商品生产的形态，出现了专业的丝织作坊。

宋代苏州的宋锦、缂丝声名鹊起，绫、绢、罗、绮在当时也十分出名，织锦技术发展较快，织造工艺进步，花色增多，品种达到数十种。20世纪50年代和70年代，在苏州虎丘塔和瑞光塔内分别发现了北宋和五代的经卷，其外用绢质经袱包裹，为丝绸绢、绫和锦等织物，反映了宋代苏州丝绸生产的水平。

【第一章】

第二节　丝帛之绕，衣复天下

宋锦纹样

　　宋锦，是指经线和彩纬同时显花的宋代苏州特色织锦。宋代，苏州生产一种质地细薄的用于书画装裱的织锦新品种，得到宋高宗的推崇，宋锦随着宋代书画流传下来，所以后世谈到锦必称宋，宋锦由此得名，与云锦、蜀锦并称为三大名锦。宋锦织物结构独特、"活色"工艺精湛，有着图案色彩古朴高雅、质地细腻轻薄平挺的特色。

沈子蕃《梅鹊图》，南宋，故宫博物院藏

　　缂丝，又名刻丝，最早起源于西亚地区，西汉时沿着丝绸之路来到中国，形成了汉魏时期的"缂毛"技艺，唐代时被运用于丝织物，宋代起逐渐从实用品转向观赏品。南宋时苏州是重要的缂丝产地，出现了沈子蕃、吴子润等名家。缂丝技艺延续至今，并在苏州市区及周边的东渚、光福、陆慕等地流传下来，成为最具代表性的特色工艺之一。缂丝织造技艺主要体现为"通经断纬"，以小梭子将五彩丝线逐色缂织，轮廓色阶变换独特，

"承空观之，如雕镂之象"。

贸易方面，自宋代开始，苏州丝绸就以各种形式输入到辽、金、高丽、日本等邻国。北宋时在苏州设立了管理海上对外贸易的机关市舶司，南宋时苏州为全国最繁华的城市之一，范成大在《吴郡志》中就写道"上有天堂，下有苏杭"，这也成为后世所熟知的描述江南盛世的名句。

宋代丝绸纹饰以桃花、牡丹、山茶花等花卉纹为主流，采用折枝、缠枝等形式，体现了那个时代的优雅与婉约。钟情于自然风景与山水花鸟，淡雅、柔和、写实，装饰性强，是宋代丝绸纹饰的特征。

元代初年编纂的《农桑辑要》，栽桑养蚕占了全书七卷中的两卷，书中所记载的栽桑养蚕技术也较前代有了较大发展。元代官营织造设置地域最广，数量最多，空前绝后。元代至元十七年（1280），朝廷在苏州城平桥南设立织染局，为皇室生产高档的丝绸。元代苏州丝绸发展的盛景，从一些文献中可以窥见一二。元时游历中国的伊本·拔都在他的游记中描写苏州"女工织作……必殚精巧"，"纱有数等，暗花为贵。暗花者，素纱之上，花纹隐然，即之若无，望之则有。他处少传其法，惟平江机工能之"。马可·波罗游记中描述苏州"居民生产大量的生丝制成的绸缎，不仅供给自己消费，使人人都穿上绸缎，而且还行销其他市场"。

元代作为中国历史上第一个由少数民族建立的大一统王朝，在文化上呈现多元的形态，从丝绸纹饰可窥见一二。元代纹饰有承袭两宋的几何纹以及花鸟禽兽主题纹样，也有体现浓郁西域风格的对狮、对鹰、双头鸟纹等。在工艺上，蒙古统治者好用金，这与游牧民族的生存环境有着千丝万缕的联系：在四处迁徙的生存环境中，只有将贵金属以轻便的形式随身携带，才能实现财产的长期稳定。织金锦是指金线显花的织物，显然符合这种要求，它在元代迎来了鼎盛。这不仅体现了蒙古统治者固有的民俗审美意识，也反映了他们对富贵奢华生活的向往。

黄地凤穿牡丹花绫残片，元代，苏州丝绸博物馆藏

一城明月 半城机声

苏州丝绸的集体记忆

元代江南地区丝绸图案以江南花鸟纹样为主流，上世纪60年代在苏州盘门外张士诚母曹氏墓葬中出土了大量元代的丝织品，有黄色锦缎对襟大袖袍、对襟大袖丝绵袄、对襟黄绸短衫、黄锦缎丝绵裤等，纹饰图案有凤戏牡丹、喜鹊栖枝、梅兰竹菊等，是典型的江南风格。

明代初期，朝廷颁布了一系列法令鼓励恢复生产，如《明史》载："思义请令民间皆植桑麻，四年始征其税。不种桑者输绢，不种麻者输布。"经济复苏，手工业兴旺。彼时的江南已成为丝绸生产的中心，形成了苏、杭、松、嘉、湖五大丝绸重镇。

明代设立官营织染局来织造朝廷所用的缎匹，明政府在各省设置的23处织染局中，苏州织染局规模最大。洪熙年间，有房屋近300间，工匠1700余人；至嘉靖年间缩小规模，工匠减至667名，每年额定岁造1500余匹。由于朝廷丝织品加派，苏州织染局实际产量远高于额定岁造。

上文说到朝廷数次对丝织品进行加派，数额超出官营织染局产量，便采取民间领织的方式，即将部分织造任务交由民间机户完成。这一现象的产生说明当时苏州民间机户已经具备了生产高品质丝织品的技术。嘉靖《吴邑志》载："绫锦紵丝纱罗绢绸，皆出郡城机房，产兼两邑，而东城为盛，比户皆工织作，转贸四方，吴之大资也。"真可谓"东北半城，万户机声"，丝织业俨然已经成为苏州的经济支柱了。

丝织业的兴盛带动了城市的发展、人口的聚集，还出现了盛泽、震泽等丝织名镇。明代文学家冯梦龙的小说《醒世恒言》第十八卷《施润泽滩阙遇友》的故事就是以盛泽为背景展开的，其中有一段关于盛泽的描绘："说这苏州府吴江县离城七十里，有个乡镇，地名盛泽，镇上居民稠广，土俗淳朴，俱以蚕桑为业。男女勤谨，络纬机杼之声，通宵彻夜。那市上两岸绸丝牙行，约有千百余家，远近村坊织成绸匹，俱到此上市。四方商贾来收买的，蜂攒蚁集，挨挤不开，路途无仃足之隙；乃出产锦绣之乡，积聚绫罗之地。江南养蚕所在甚多，惟此镇处最盛。有几句口号为证：东风二月暖洋洋，江南处处蚕桑忙。"虽是小说，也源于生活，书中所写盛泽正是明代苏州丝织名镇的写照。

参考文献：

1. 范金民. 衣被天下：明清江南丝绸史研究[M]. 南京：江苏人民出版社，2016.

2. 冻国栋. 唐代苏州商品经济的发展初探[J]. 苏州大学学报，1988.

3. 孔祥星. 唐代江南和四川地区丝织业的发展——兼论新疆吐鲁番出土的丝织品[J]. 唐史研究会论文集，1980.

4. 薛雁，吴微微. 中国丝绸图案集[M]. 上海：上海书店出版社，1999.

第三节 诗词中的苏州丝绸

中国丝绸文化历史悠久，从种桑养蚕、缫丝织绸到华丽服饰，勤劳、聪慧的古人给我们留下了珍贵的丝绸文物、精湛的丝织技艺以及描绘丝绸的动人诗篇。

我国第一部诗歌总集——《诗经》，唱出了丝绸文化动人的第一乐章，将丝绸的生产、色彩、种类和用途通过优美的文字传于后世。至诗词鼎盛的唐宋时期，李白、白居易、苏轼、李商隐、陆龟蒙等著名的文人墨客都曾以丝绸为题材赋诗，形成了众多朗朗上口、意义深远的诗词。明清时期，沈周、孙艾、雍正等作画赋诗，留下了珍贵的书画珍品，至今人们还可去故宫博物院一睹真容。

苏州，是一座文化古城、丝绸之府。在历史这条漫长的经线上，伟大的苏州人民织就了一部锦绣画卷，而每个经纬交织的点都是一首首描绘丝绸的诗词。透过这些文字，我们能感悟蚕的奉献精神、江南水乡的农耕特色、绫罗绸缎的飘逸华丽、苏州织造的繁荣昌盛，以及底层人民的艰辛苦楚。

一、谈古说今话蚕桑

蚕是一种神奇的生物，古人信奉蚕"四眠四起"具有回生之力，将蚕视为精神崇拜。而蚕的生生不息，在生命轮回中孕育了中国优秀的丝绸文化。"春蚕到死丝方尽，蜡炬成灰泪始干"，李商隐这首广为流传的诗，成为后人歌颂蚕的经典诗句。蚕从卵孵化，由黑黑小小的蚁蚕到成熟后吐丝结茧,直至化蛾产卵死去,近60天的蜕变,一生短暂却意义非凡。

唐代诗人陆龟蒙在他的《奉和袭美太湖诗二十首·崦里》中写道:"沟塍堕微溜,桑柘含疏烟。处处倚蚕箔,家家下鱼筌。"崦里,是苏州西山的一个地名,而位于苏州古城西南40多公里外太湖之中的西山,是我国淡水湖泊中最大的岛屿。得天独厚的地理位置,让这里气候宜人,自古就栽桑养蚕,蚕事也成了西山居民的重要农事。养育蚕的同时,蚕也以其奉献精神哺育了西山一方淳朴的劳动人民。

苏州人把蚕亲切地称为蚕宝宝,不仅是因为长大的蚕白白胖胖,煞是可爱,更是因为它需要主人像照顾自己的宝宝一样日夜照看、精心喂食。养蚕过程中,苏州形成了独特的蚕桑民俗。南宋诗人范成大住在苏州的石湖镇上,他在《田园杂兴》诗中写道:"三旬蚕忌闭门中,邻曲都无步往踪。犹是晓晴风露下,采桑时节暂相逢。"古时养蚕的30天有禁忌,邻里不相往来,只有采桑叶的时候才会相逢。

除了诗人,吴门四家之一的沈周也十分重视蚕桑农事,他的"《蚕桑图》扇面"现藏于故宫博物院,扇面上绘有几片桑叶、几只蚕,并题有:"衣被深功藏蠢动,碧筐火暖起眠时。题诗劝尔加餐叶,二月吴民要卖丝。"沈周用诙谐的语言,希望自己的题诗能让蚕多食桑叶,快点结茧,因为苏

江南水乡养蚕　　　　　　　　　　　20世纪70年代清洗养蚕的竹匾

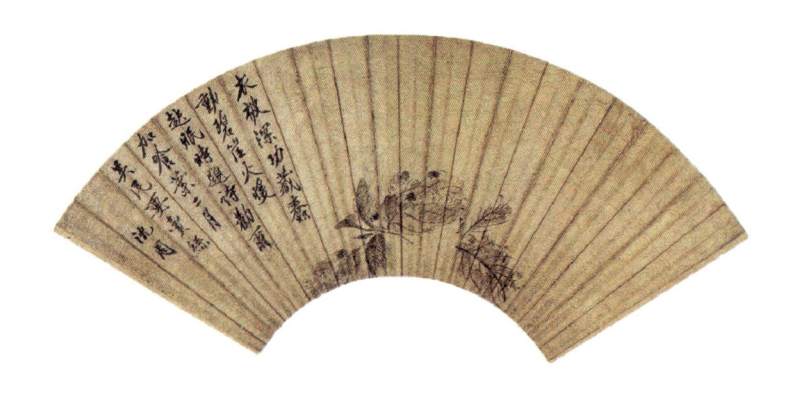

沈周《蚕桑图》扇面，明代，故宫博物院藏

州农民还等着去卖丝。而沈周似乎特别钟情于蚕桑，除了自己绘画题诗，还曾为他朋友，常熟画家孙艾的《蚕桑图》题诗，图中只见桑树干一枝，桑葚或青或紫，桑叶上有几条蚕正在啃食桑叶。沈周题诗："唼蚕惊雨过，残叶怪云空。足食方足用，当知饲养功。"这件作品上，还有常熟文人钱仁夫题诗："只愁我蚕饥，不愁桑树空。衣被天下人，自不屈其功。"这三位文人墨客，将家乡的蚕桑之事，通过绘画赋诗，表现得形象且生动，可见蚕桑业在苏州地区的普遍和发达，以及文人对蚕桑之事的熟悉和深厚的情感。如果你去故宫博物院，有幸看到这两件作品，记得一定要细细欣赏，品一品其中蕴含的吴地蚕桑文化。

二、绫罗绸缎名天下

苏州自古就种桑、养蚕、缫丝、织绸，至今还保存着与丝绸遗迹相关的地名，如织里、锦帆路、绣线巷、新罗巷，而绫、罗、绸、缎、绡、绢等典型的丝绸品种也随之流传，宋锦、缂丝、苏绣、漳缎这些传统手工艺所承载的工匠精神也在方寸之间表现得淋漓精致。

唐寅的《桑图》诗中说："桑出罗兮柘出绫，绫罗妆束出娉婷。"绫罗绸缎，自古便是丝绸的代名词。在众多诗词中，吴绫和蜀锦并称，如"蜀锦吴绫剪染成""何况蜀锦并吴绫""蜀锦吴绫耀朝日"。

除了众所周知的绫罗绸缎，姑苏织锦也名扬天下。锦字从金帛，其价如金，是美好的象征。锦瑟华年、繁花似锦、锦绣前程、衣锦还乡，这些美好的词语都寄托了人们对美好生活的向往和追求。

如果说织锦让苏州古城绽放出绚丽之光，那么缂丝则将文人之气和匠人之艺在这里完美融合。"一寸缂丝一寸金""织中之圣"，这些美誉无不体现了缂丝的珍贵与制作的精良。宋徽宗赵佶曾亲自在缂丝名家朱克柔的《碧桃蝶雀图》上题诗："雀踏花枝出素纨，曾闻人说刻（缂）丝难。要知应是宣和物，莫作寻常黹绣看。"字里行间，可见缂丝工艺之难，一件上乘的缂丝作品，需要技艺高超的缂丝艺人无数次地穿梭引纬、更替色彩，而这指尖的艺术随着这些传世名作得以保留和传承。

丝绸之上的另一项指尖艺术当属被誉为"有生命的静物""东方的艺术明珠"的苏绣，丝绸轻盈透薄，施以巧夺天工的针法，让绣线成为华丽之上的璀璨。苏绣的精细雅洁，是苏州这座城市独特的人文底蕴所赋予的。唐代胡令能的《咏绣障》："日暮堂前花蕊娇，争拈小笔上床描。绣成安向春园里，引得黄莺下柳条。"让人不禁想起了苏州的小娘鱼，自小便跟随家中女性长辈学习刺绣针法，耳濡目染，代代相传，使苏绣在苏州长盛不衰。著名作家叶圣陶在看到苏绣大师顾文霞的苏绣作品《猫蝶图》后，感叹于大师精妙绝

顾文霞与先生在叶圣陶题诗的刺绣台屏前合影

伦的刺绣技法，写下了："小猫仰蝴蝶，定睛微侧首；侧首何所思，良难猜之透。未必食指动，馋涎流出口；未必如庄生，蝶我皆乌有。猜之亦奚为，但赏针法秀。"没有华丽的辞藻，但叶老却将这件作品描绘得生动逼真。

三、机杼声声织就姑苏繁华

苏州唯亭草鞋山遗址出土的葛纤维纺织品，证明了早在6000年前，古人就已经掌握了一定的纺织技术。明清时期，苏州传统丝绸手工业进入顶峰时期。民间手工作坊逐渐增多，规模渐趋扩大，苏州及周边地区遍地蚕桑，满目锦绣。苏州织造局的生产规模更是领先全国，织造府衙官机应接不暇，同时还需将缎纱工料下发民间，由民间机户承造，成就了姑苏半城万户机声的盛况。一时间，"罗、绮、绢、纻，以三吴为最多"。

"君到姑苏见，人家尽枕河。古宫闲地少，水港小桥多。夜市卖菱藕，春船载绮罗。遥知未眠月，乡思在渔歌。"唐代诗人杜荀鹤的这首《送人游吴》，虽然是一首送别诗，但毫无离别时的伤感，而是描绘了一幅生动的江南水乡的生活景象。"春船载绮罗"，平纹和斜纹交织的丝织物为绮，轻薄透孔的绞经丝织物为罗，古人也常用绮罗来泛指丝绸。从特产菱藕到名闻天下的绫罗绸缎，充分展现了姑苏城的富足和悠然自得的生活，而这至今也成为人们迷恋苏州这座城市的理由。

清代王明福的《和蒋之翘诗》："秋风络纬鸣，家家弄机杼。小姑工织缣，知住新杭处。"还有明末清初诗人周灿那脍炙人口的诗句："吴越分歧处，青林接远村。水乡成一市，罗绮走中原。尚利民风薄，多金商贾尊。人家勤织作，机杼彻晨昏。"都生动地描述了吴江新杭和盛泽当时丝织业的兴盛，以及丝绸贸易繁荣的景象。

四、遍身罗绮者，不是养蚕人

丝绸的发展归功于两者，蚕与人，蚕创造了天然界中最珍贵的蚕丝原料，而聪慧的古人则将它利用得淋漓尽致，成就了天上取样人间织的美妙华章。但这绚丽丝绸的背后，是广大劳动人民夜以继日的辛勤付出。从白居易的《缭绫》"丝细缫多女手疼，扎扎千声不盈尺"，到元稹的《织妇词》"缫丝织帛犹努力，变缉撩机苦难织"，文人之笔真实地记录了这份艰辛，让后世传承创新时也感恩于前人创造的技艺与文明。

宋代苏州诗人叶茵在《机妇叹》中写道："机声咿轧到天明，万缕千丝织得成。售与绮罗人不顾，看纱嫌重绢嫌轻。"这首诗充分表现了织造妇女的艰辛苦楚，不分昼夜地织造，换来的却是富贵之人的百般挑剔，真是穿者不知织者苦！另一位苏州诗人范成大在《缫丝行》中也写道："姑妇相呼有忙事，舍后煮茧门前香。缫车嘈嘈似风雨，茧厚丝长无断缕。今年那暇织绢著，明日西门卖丝去。"生动地描写了初夏蚕茧收获后，姑嫂煮茧、缫丝、卖丝的繁忙劳动。两位诗人都将养蚕人和织女的生活进行了生动描述，一方面体现了苏州蚕桑丝织业的繁华，另一方面反映了当时农村的社会生活景象和生活的艰辛。

诗词是苏州最美的广告词，这些文化符号和精美的丝绸以及精湛的技艺一同保存，成为苏州最具特色的传统文化。让我们共同翻阅这些美妙诗篇，漫步于苏州的大街小巷，寻找诗词中的那份丝绸记忆，领略古人的智慧与才情。

【第二章】

一城明月 半城机声

苏州丝绸的集体记忆

第一节　苏州官营丝绸生产

丝绸，是以蚕丝为原料的纺织品，包括桑蚕丝织物与柞蚕丝织物两种。丝织物色泽光亮，手感柔软滑爽，这种轻盈的特性不仅使丝织品与皮肤之间有着良好的触感，还能带来美好的体验。

与棉麻纤维相比，丝纤维可以很细，因此丝织物的经纬线排列组合也就有了无限想象的可能。在五千年的丝绸生产历史中，从单色平纹斜纹组织到重经重纬、双层起绒等特色组织，中华民族的创新意识在这一领域发挥到了极致。除了日复一日的投梭织造，每幅精美丝织物在前道准备工序、配套织机织造与后整理流程，都需要耗费大量人力物力。这就决定了丝织品身价的高贵，高档织物从来就是丝绸的不二标签。历朝历代的皇家权贵无不以专享精美丝织品来彰显其尊贵，为此纷纷专设官营丝织机构，由皇家或地方官府出资和管理。

中国有确切史料记载的官营织造机构，最早出现在西汉时期，汉代"织室"、南朝宋"锦署"的设立为皇室需求提供了保障。从此，历代皇室所需的高档丝织物大多为官营织署类机构生产，朝廷还限定一些用料考究的御用织物只有官营织署才能生产，高级织工也为织署独有。

苏州地区官营织造机构的最早文献记录，出现在《三国志·吴书》。"自昔先帝时，后宫列女及诸织络，数不满百。"（《三国志》卷六十一《吴书·陆凯传》）"织络"就是东吴孙氏王朝的专属官营织署。孙权夫人赵氏绣织罗縠与地势图的传说，依靠的应该就是官营织署的技术力量。

唐代官营织造机构发达，依然如前朝集中在京师（长安、洛阳），并无江南的一席之地。这大概缘于当时江南丝绸生产还未在唐朝成为中坚力量，特别是皇室最为看重的织锦生产还没有在江南形成地域特色。

这一局面在北宋发生了变化。一方面，设在都城的中央织造机构的生产已不能满足统治者的需要；另一方面，全国丝绸生产黄河流域、长江中下游和四川地区三足鼎立的格局已经确立。朝廷在地方设立丝织机构也就顺理成章了。北宋徽宗崇宁元年（1102），朝廷在苏州设局造作"置局于苏、杭造作器用。诸如牙角、犀玉、金银、竹藤、装画、糊裱、织绣之工，曲尽其巧，诸色匠日役数千，而材物所须，尽科与民，民力重困"。崇宁五年（1106）置"苏杭造作局"，宣和三年（1121）被罢停，前后存在了20年。虽说北宋一朝，设在苏州的官营织造机构时开时停，持续时间较短，但从此以后，苏州的官营丝织机构一直存在到清末。据史料记载，南宋乾道四年（1168）在苏州设有作院，位于校场西侧（今苏州公园西北角）。这是目前为止最早的有据可查的苏州官营织造机构地点。

元代全国刚统一，江南各地织局随即先后建立起来。苏州于元至元十七年（1280）在平桥南（今乌鹊桥路平直小学）改建宋提刑司为织染局。与前朝不同，元代江南各地织染局终朝存在，虽然它们没有像唐宋时北方黄河流域和西南四川地区的官营织造机构的地位突出，也不如明清同地域地方染织机构的一枝独秀。元代是苏州乃至整个江南丝织业由生产中心向织造重心转变的过渡时期，随着蒙元统治者对丝绸的嗜好需求，这一地区官营织造机构的作用越发重要。

1964年6月，在苏州盘门外吴门桥南偏东300米的位置发现了张士诚父母合葬墓。由于张士诚在元末一度割据被称为吴王，这座墓也就被俗称为"娘娘墓"。这座建于1365年的墓葬，发掘时"娘娘"身穿黄色锦缎对襟大袖袍，里穿对襟大袖丝绵袄，袄内又衬对襟黄绸短衫三件。下束缎裙，裙内穿黄锦缎丝绵裤，丝绵裤内有单裤。脚着绛色缎鞋，内穿黄色短缎子袜。"娘娘"身下垫着厚薄不同的织锦缎丝绵被三条。这些精美的

对襟黄绸短衫、黄地缎裙，元代，苏州博物馆藏

一城明月 半城机声

苏州丝绸的集体记忆

丝绸制品经过科学保护，至今仍散发着迷人的魅力，在苏州博物馆展厅引来观众啧啧惊叹。

　　元代以后，古代中国的蚕桑生产地域范围开始收缩。明朝到清朝前期，伴随棉花种植的推广，各地的蚕桑生产大多渐趋衰落，不少传统蚕桑产区纷纷改为棉花生产；而江南地区和四川西部的蚕桑生产却依然长足发展。特别是江南地区宜桑的土壤与湿润的气候，这里的蚕桑生产反而加速发展，走向极盛。在此背景下，明清苏州官营织造也开足马力，迎来巅峰。

　　明代在全国设立的地方织染局有23处，与元代各地遍设不同，主要分布在南直隶和浙江布政司。两区域共设地方织染局16处，占比达

60%；而江南地区设局最为集中，各府大多设有织染局。明代苏州府属南直隶，洪武元年在位于子城正北向的天心桥东（今北局人民商场）设立织染局。据隆庆《长洲县志》记载：草创时期"堂舍卑狭"，洪熙年间增建房屋近300间，各工序匠人有1700余名，为苏州织局最为气派的阶段。朝廷分派地方织染局承担的织造任务也是以江南为重点的，根据范金民教授的研究，"按苏州和嘉兴两织染局额定产量和织机数计算，额设织机约1150张，岁造缎匹占了全国总数将近三分之一"。

如前所述，明代后期全国各地蚕桑生产多不景气，原来设有地方织染局的江西、湖广、河南、山东四省因为无法保质保量织造额定丝织品，到嘉靖七年（1528）改为以货币抵实物交纳，即将额定丝织品折算成银两解交。还有很多地方织染局，即便还按朝廷规定的岁造丝织品交差，但是到明代中后期大多不能正常生产，出产缎匹的质量也日益下降。后来直接放弃自行生产，转为到江南收买当地织造的缎匹，完成自己的岁造任务。明代非江南地区官营织造由全面设局逐步走向彻底衰落，朝廷岁造缎匹的生产日益集中在以苏杭织染局为中心的江南地区。

明代后期，随着上层权贵奢侈生活和朝廷赏赐需求的激增，原先额定岁织的丝织品数量日益不敷所需，江南地方织染局频频被加派缎匹生产，这就是后来《明会典》所说的丝织品"坐派"。从范金民教授多方考证、汇集的《明代丝织品加派数量表》可知：据不完全统计，在万历、天启两代，朝廷在江南地区加派的平均数量大致相等于额定岁造数，但苏州则为原岁造数量的数倍。随着巨量增加的加派任务，苏州织染局固有的生产规模仅仅能够应付工艺难度甚高的加派绸缎，而原定的岁造任务就改由向民间机户派发完成。这就形成了局织（织染局内生产）和领织（民间领受官府任务，自行安排织造）同时进行的格局。明代苏州官营织造能够完成数倍于额定岁造的加派，依仗的是当地民间丝织业相对发达的基础。它反映了明中后期起，以苏州为代表的江南织造不仅官营独盛于全国，而且民营丝织业的发展也发达兴盛。这里已经成为全国唯一的丝绸生产重心，在全国丝绸生产中独占鳌头的历史也从此开始。

1966年12月，苏州城西约5公里处发现了一座明代合葬墓。墓主人是万历年间官至一品首辅的苏州府太仓州人王锡爵与其夫人。墓中出土的丝织品图案精美，有百蝶、缠枝牡丹、凤穿牡丹等吉祥寓意纹样及万字云纹、如意云纹等流行元素。除了平纹地花绫，缎、绒、锦和缂丝等高档品种也被发现，特别值得一提的是妆花锦和缂丝。妆花织物是明代深受统治阶层喜爱的丝绸品种，明神宗定陵出土的600多件丝绸文物中，运用妆花工艺制成的缎匹、袍料与服饰占了很大比例；明代严嵩、严世蕃父子被抄家产清册《天水冰山录》也记录有大量各品种的妆花丝绸。而享有"织中之圣"美誉的缂丝，因其尤为费工费时，在明初"尚俭"思潮影响下，一度在宫廷销声匿迹。不过随着明朝经济繁荣期的到来，缂丝以高档陈设品、帝王服饰的形式再次受到宫廷权贵的青睐。王锡爵与夫人合葬墓妆花锦和缂丝补子的出现，为明代苏州丝织工艺精湛的实证，当时苏州官营织造的风采亦可窥见一斑。

清政府立国之初，就选择了前代江南地区丝织生产最为突出的苏州、江宁和杭州恢复设立织造局。而仅在北京保留了一处内织造局，京内织局规模和产量都不大，很快形同虚设，最后在道光二十三年（1843）被裁撤。于是清代的官营织造，几乎全部集中到了江南地区。这里成为历史上官营织造最为发达的区域。"织造"至今仍为人们津津乐道，特别是《红楼梦》作者曹雪芹家族与织造的关联更是引人注意。我们就先来聊聊"织造"与曹家吧。

"织造"是清廷派驻官营织造机构的管理官员。由于江南地区经济发达，人文荟萃，局势复杂，康熙即位后，改三地织造府归内务府管理，内务府直接分派官员至江南三织造，由他们负责织造局的经营和管理，包括所需费用的筹算、丝织原料的采办、监督丝织品的织造和解运等。这样调整的目的是利用织造隶属于内廷的特殊职位，特派亲信担当此职，以充其

第二章

第一节 苏州官营丝绸生产

耳目，便于掌握当地的思想动向和民情风气。织造的任期原为1年或3年更代，康熙则固定为不拘年限的久任，这也是从康熙二年始任江宁织造的曹玺得以久任20余年的制度背景。

曹家可以说是与康熙一朝同始同终。曹家与康熙母亲的娘家佟氏是世交，康熙母亲为他选择了曹家少妇孙氏为其乳母。康熙8岁登基后的第二年，辅政大臣会议决定派孙氏的丈夫曹玺出任江宁织造，接着是曹寅、曹颙（yóng）、曹頫（fǔ）世袭，三代

苏州织造局图碑，清代，苏州碑刻博物馆藏

四人。身为曹玺长子的曹寅，小时候一直随母亲孙氏在宫里生活，与康熙一同长大。17岁时就当上皇帝的侍卫，又是康熙读书的小"伴读"，深得康熙信任。他于康熙二十九年（1690）出任苏州织造，三十一年（1692）兼任江宁织造。三十二年（1693）曹寅内兄李煦继其为苏州织造，康熙四十五年（1706）曹寅母系亲属孙文成任杭州织造。于是江南三织造尽为曹家把持，曹氏家族辉煌一时。他们虽仅是为皇室督造和采办绸缎的五品官，官级比四品的知府低下，但其身为皇帝耳目，可随时密奏地方各种情况。他们相当于钦差的身份，使得一品大员亦忌惮三分。不过织造和清帝的这种关系也仅限于康熙与曹氏家族，曹家最后在雍正朝因为涉及争储斗争而被清算。此后也不再有哪任织造与皇帝能有如此亲密的联系。

清苏州织造局自1646年设立，于1906年被裁撤，历时260年。它所属的数百张织机及上千名工匠，并不都在一个场内工作，而是分散在几处场所。其分布演变可从下表探见。

清顺治三年（1646）
设"苏州织造局"

总织局
带城桥东明代周戚畹遗宅
（今苏州第十中学）

织染局
天心桥明代织染局旧址
（今观前街北局一带）

▼

顺治十年（1653）

南局
即总织局，时称
苏州织造公署

北局
即织染局

南新局
府城东南隅洞桥内

北新局
府城东北隅
顾家桥西

▼

康熙十三年（1674）

苏州织造衙门
带城桥总织局南半部

以孔副使巷（今孔付司巷）为界

织造局
带城桥总织局北半部

▼

咸丰十年（1860）
苏州织造各局皆毁于太平天国兵燹

▼

同治二年（1863）
苏州织造局逐步恢复
次年总织局移至今苏州南石子街大儒小学一带

▼

同治十一年（1872）

织造署原址重建
（今苏州第十中学）

合并两局为总局
移设南石子街（今苏州市大儒蕙葭中心小学）

▼

光绪三十二年（1906）
苏州织造局停织

一城明月 半城机声

苏州丝绸的集体记忆

第一节 苏州官营丝绸生产

全国重点文物保护单位"苏州织造署旧址",在今带城桥下塘苏州第十中学内,占地约60亩。

现存清苏州织造署西花园,有衙门、多祉轩、瑞云峰等织署旧物。在多祉轩内仍有原碑刻3块,分别为《钦命督理织造少司空灿翁陈公去思碑》《苏州织造署多祉堂记》和《重建苏州织造署记》;而那块瘦、漏、透、皱而且形体巨大的太湖石瑞云峰为宋代花石纲遗物,与苏州留园的冠云峰、上海豫园的玉玲珑齐名,现亦为全国重点文物保护单位。苏州织造署旧址是"江南三织造"中现存遗迹最多的一处。

清代江南三织造采用"领机给贴"的方式组织生产,苏州织造局亦不例外——先由织局选定目标机户,发给他们机张执照,作为领机凭据,机户也就获得为织造局从事加工生产的资格。同时织局备好丝料,责令领机机户雇募工匠进局织造,缎匹织成后由机户负责缴还织局。在织造品种上,江南三局各有侧重,苏州织造局主要生产官用缎匹,以龙衮服料、锦缎匹料、起绒织物和庆典用绸之类为主。苏州丝绸博物馆藏有苏州织造府光绪年间进贡的衮服袍料、蟒缎和织银缎。衮服,与冕冠合称为"衮冕",是古代最尊贵的礼服之一,清代皇帝在祭北京天坛圜丘、祈谷、祈雨等场合穿着。馆藏的这件衮服袍料,缂有五爪正面金龙四团,边款"苏州织造臣奉曾"。

一城明月 半城机声

苏州丝绸的集体记忆

大红地蟒缎，清苏州织造局制，苏州丝绸博物馆藏

【第二章】

第一节 苏州官营丝绸生产

衮服袍料，清苏州织造局制，苏州丝绸博物馆藏

　　太平天国时期，是苏州织造局发展的分水岭。在这之前苏州局产量呈现出中间低、两头高的形状——乾隆三十七年前最高；自后迅速下降，到嘉庆末年减到最低程度；道光年间开始回升，到咸丰初年又超过乾隆后期。经历了太平天国期间的战争，清后期的苏州织局无论是织造格局，还是生产规模与形式，都发生了较大的变化。朝廷经济江河日下、入不敷出，无力恢复战前织造局的生产能力。苏州织局乾隆时额设织机663张，织造匠役2175名。战后重建，同治四年时仅造得新机12张，先后招集27名织匠杂役人等。同治六年织机添设至78张。光绪六年时有织机240张，织匠300名。可见其生产规模约为原来的三分之一左右，无法与战前同日而语。

　　依靠苏州地区发达的民间丝织业，织局承办的大多数缎匹，民间都能生产。朝廷举行庆典时所需的彩绸、杭细、素纺丝等，江南各地城镇大量生产，如以出产盛纺的盛泽镇。织局开始在产地定购，在质量有保障的同时，还方便管理，节省开支。苏州丝绸博物馆藏品"夏庆记锦雯绒"，带有苏州清代民间机坊"夏庆记"的款识，就是通过官局之手向民间定织或购买的。织局还利用苏州染色和绣作特别发达的特点，将定购自盛泽、湖州等地的丝织品运至苏州后整理，这就充分利用了丝绸生产和加工地各自的优势。故宫现有织绣藏品18万余件（套），几乎全为江南三织造生产，苏州亦贡献了三分天下。

《盛世滋生图》局部

参考文献：

1. 范金民.衣被天下——明清江南丝绸史研究［M］.南京：江苏人民出版社，2016.

2. 周汝昌，严中.江宁织造与曹家［M］.北京：中华书局，2006.

第二节 《红楼梦》——打开清朝官营织造府的钥匙

一、《红楼梦》的作者与织造衙门的渊源

《红楼梦》的作者曹雪芹,其曾祖父曹玺、祖父曹寅、父亲曹颙、伯父曹𫖯,三代四人任江宁织造合计58年之久,可以说纵贯整个康熙朝,恩宠不衰。曹家在满清入关前即是皇家包衣,"包衣"是满语"家奴"之意,曹家首先是皇家的奴才。所以《红楼梦》里多次提到,上了年纪服侍过上一辈主子的奴才,在年轻的主子面前是相对有身份的。

如第二十回宝玉的乳母李嬷嬷因自己输钱找姑娘们的晦气,宝玉也不好拿出主子的款来,只能略略分辩。再比如第四十五回里,服侍过贾母辈的赖嬷嬷(她儿子儿媳如今在贾府管家,孙子已经捐了官)坦然在王熙凤跟前坐下,出言劝阻并成功打消当家人王熙凤撵一个小子的决定。都是这个道理。

这里要提到一个概念,清朝军队又称"八旗兵""八旗子弟",因为最初的军队建制即为八旗,每旗再下设满蒙汉三军。每次朝内权力更替,八旗的势力分布和各自的忠诚对象极为重要。除了正黄、镶黄二旗由皇帝本人亲自统领外,正白旗在多尔衮死后被顺治帝收归直属,这三旗就被称为上三旗,清朝特设的机构——内务府,其人员基本被上三旗包衣垄断。

内务府在清朝是多大的官呢?其主要职能是管理皇帝私事和家事,诸如皇家用膳、服制、礼仪、工程、农牧、警卫等等。内务府主要机构有"七

司三院"，简单来说，一个皇帝从没出娘胎开始，至死后得多少祭祀冥钱，都归内务府管辖。各处织造、采办均是内务府的下属机构，而曹雪芹的曹家便属于正白旗包衣。

正白旗包衣还有个特殊之处，因其实际亲属太后，故而皇子、皇女的奶娘均从正白旗包衣中出，曹家与康熙帝的特殊关系即来源于此，曹玺妻孙氏，是康熙的乳母之一，极受重视，立过大功，而曹寅得以自小入宫，陪伴少年康熙左右。另一乳母文氏，其女嫁与曹寅为妻，其子便是任苏州织造长达30余年的李煦，在曹寅过世后，曹颙、曹𫖯均受到过李煦的提携，曹𫖯更因为是旁支过继，由李煦带领进京面圣而得到江宁织造之位。有红学家指出荣宁二府便是曹公在影射曹李二家，亦有另一种看法指脂批的"脂砚斋"本尊便是李家的大少爷、李煦的大公子李鼎，此二说虽未有定论，但足见红学界对于曹李二家之亲厚的普遍认可。

正因为曹雪芹出身织造府衙，在江宁、苏州、杭州三大织造包办了整个清朝上用、官用、军用服饰的大背景之下，《红楼梦》中对于各类服饰及其织造技艺的描写，可以说契合了当时贵族圈的实际生活和审美水平。

二、《红楼梦》中描述的不同织物和丝织技艺

1. 花缎与素缎

绫罗绸缎中的"缎"，是丝织基本三原组织中的缎纹组织（另二者为平纹和斜纹），出现时间最晚，但因为浮线长、光泽度好、华丽富贵，明清以后极为流行，今天我们还经常能接触到，当下很多品牌丝巾用的就是缎面材质印花。缎在《红楼梦》中使用非常广泛，除了素缎之外，清代大量地在缎地上运用提花、织金、妆花、刺绣等工艺，用作衣料、鞋面、生活用品和家居用品等。

《红楼梦》中提到的宫缎（按宫中花样定制的花缎）、彩缎（织金或

【第二章】

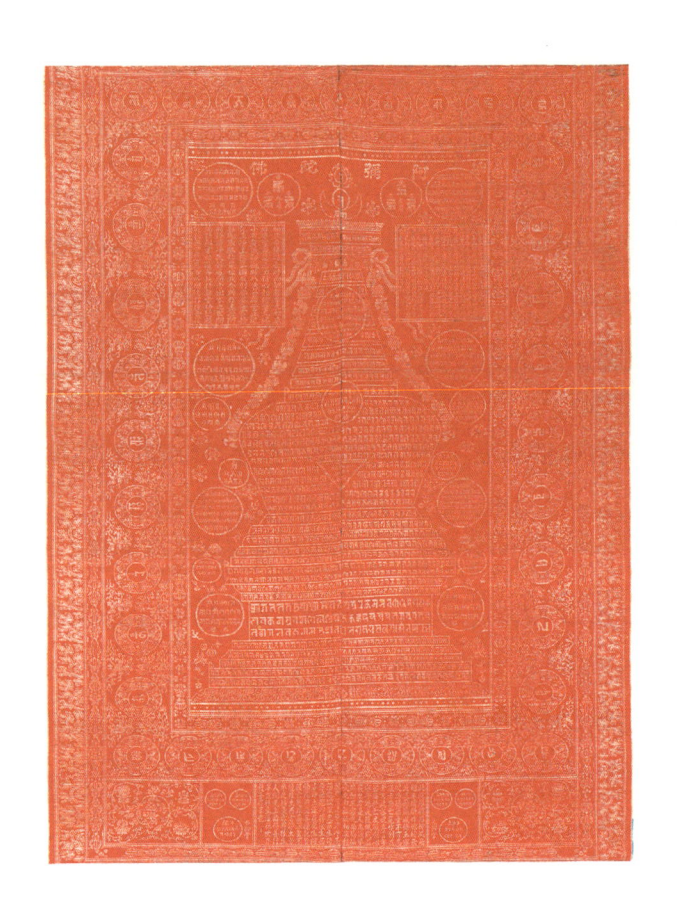

第二节 《红楼梦》——打开清朝官营织造府的钥匙

大红地金色经纹大陀罗经被,清代,苏州丝绸博物馆藏

不织金的花缎)、闪缎(通过经纬加捻度不同在光线折射下产生闪色效果)和蟒缎(织有龙纹的缎匹,清史中也有龙缎一说)据记载江宁织造和苏州织造均较多生产,与今日南京云锦的传统品种库缎和织金在工艺上相呼应。而"勇晴雯病补雀金裘"这一回提到的孔雀金线,就是采用圆金线的做法,将孔雀羽毛细细地绕在丝线上,再进行织造。下雪天姑娘们穿的羽缎,可以起到一些防雨雪的作用,当然只有贵族才穿得起,所以《红楼梦》中描述邢岫烟家贫,只大雪天一个场景中女孩子们不是猩猩毡就是羽缎羽纱,

独有她仍是家常旧毡斗篷。

《红楼梦》中提到的妆缎，又称妆花缎，亦属于南京云锦的特色工艺。织造时，需使用不同颜色的几十个彩绒纬管，对花纹做局部断纬的挖花盘织。妆花工艺可以应用在缎、绸、纱罗等各种织物结构上，因为配色自由，在织造繁复的花样（如龙纹）时经常使用。《红楼梦》中江南甄家送礼的蟒缎，上头的蟒纹，以妆花或刺绣工艺做成的较多，另外缂丝、织锦工艺也有相当部分传世。

素缎就是指没有提花的缎纹织物。《红楼梦》中多次提到青缎用来给有身份的丫鬟做背心，做宝玉的靴子，做靠垫椅垫，甚至王熙凤访尤二姐时穿的素净的披风也是素缎，可见素缎用途之广。

2. 纱罗

第四十回：

> 说笑一会，贾母因见窗上纱的颜色旧了，便和王夫人说道："这个纱新糊上好看，过了后来就不翠了。这个院子里头又没有个桃杏树，这竹子已是绿的，再拿这绿纱糊上反不配。我记得咱们先有四五样颜色糊窗的纱呢，明儿给他把这窗上的换了。"凤姐儿忙道："昨儿我开库房，看见大板箱里还有好些匹银红蝉翼纱，也有各样折枝花样的，也有流云卍福花样的，也有百蝶穿花花样的，颜色又鲜，纱又轻软，我竟没见过这样的。拿了两匹出来，做两床绵纱被，想来一定是好的。"贾母听了笑道："呸，人人都说你没有不经过不见过，连这个纱还不认得呢，明儿还说嘴。"……贾母笑向薛姨妈众人道："那个纱，比你们的年纪还大呢。怪不得他认作蝉翼纱，原也有些像，不知道的，都认作蝉翼纱。正经名字叫作'软烟罗'。"凤姐儿道："这个名儿也好听。

只是我这么大了,纱罗也见过几百样,从没听见过这个名色。"贾母笑道:"你能够活了多大,见过几样没处放的东西,就说嘴来了。那个软烟罗只有四样颜色:一样雨过天晴,一样秋香色,一样松绿的,一样就是银红的,若是做了帐子,糊了窗屉,远远地看着,就似烟雾一样,所以叫作'软烟罗'。那银红的又叫作'霞影纱'。如今上用的府纱也没有这样软厚轻密的了。"

这一段文字不多,却穿插写清了织物的结构、纹样、颜色、搭配、用途,极为漂亮。纱是绞经织物,顾名思义,其经线是扭转的,跟三原组织的其他织物完全不同,因为网眼结构稳定,也非常适合作为刺绣的底料,比如苏绣传统针法中的"纳纱绣",即是如此。罗是相对来说更为复杂、织造难度更大的纱,其特点正合了曹公的四个字"软厚轻密",夏天穿着透气清凉,极为舒适。由于种种原因,清代大量的纱罗工艺都已经失传,当家人王熙凤见过的几百样纱罗,现而今我们恐怕只看得见一两样,而连她也没见过的"软烟罗",只能遥想赞叹了。

3. 缂丝

《红楼梦》中出现了几次"刻丝",即现在所说的缂丝工艺,是平纹组织,以生丝为经线,彩色熟丝为纬线,采用通经回纬的方法织成,当时主要由苏州织造供应。缂丝相当于艺术创作,对工匠的审美要求极高,非常费功夫,即使在当时也是极为贵重的织物,《红楼梦》中凤姐穿了两次,其中一次是出场,足以彰显其身份。

4. 刺绣

旧时的女孩子,即使是家里养着裁缝的贵族,在家里也要做女红。《红楼梦》中写过黛玉做香囊,薛宝钗描花样子、绣鸳鸯,湘云做扇套子,探春给宝玉做鞋,莺儿打络子等等,不胜枚举。这其中刺绣占了极大比重,女孩子们的心思,都暗含在一针一线之中。曹公对于欣赏刺绣有独到的见解，并将这份美誉给予了苏绣。

原来绣这璎珞的也是个姑苏女子，名唤慧娘。因他亦是书香宦门之家，他原精于书画，不过偶然绣一两件针线作耍，并非市卖之物。凡这屏上所绣之花卉，皆仿的是唐、宋、元、明各名家的折枝花卉，故其格式配色皆从雅，本来非一味浓艳匠工可比。每一枝花侧皆用古人题此花之旧句，或诗词歌赋不一，皆用黑绒绣出草字来，且字迹勾踢、转折、轻重、连断皆与笔草无异，亦不比市绣字迹板强可恨。他不仗此技获利，所以天下虽知，得者甚少，凡世宦富贵之家，无此物者甚多，当今便称为"慧绣"。

三、《红楼梦》人名中的丝绸与人物性格

曹公写《红楼梦》，取名常常极富寓意，往往隐含了各式巧样心思。也许是为了避"织造府衙"的嫌疑，女孩子的名字中极少出现与丝绸相关的字眼，只有一个例外，便是金陵名宦李守中家，也就是十二金钗中，光芒不那么瞩目的李纨，并她的两个侄女——李纹和李绮。

纨，素也。从系，丸声，谓白致缯，今之细生绢也。——《说文》

纹，凡锦绮黼绣之文皆曰纹。——《康熙字典》

绮，谓缯之有文者也。——《说文》

一言以蔽之，纨，就是没有花纹，细密、轻软、洁白的丝织物。曹公在第四回第一次正面介绍李纨"如槁木死灰一般，一概无见无闻，唯知侍亲养子，外则陪侍小姑等针黹诵读而已"，甫出场，人物即是暗的，如"纨"一般，是三原组织中最基础的平纹，织造难度并不大，乍看毫不起眼。但这位毫不起眼的大嫂子，事实上是荣国府的嫡孙贾珠的正室，且已生子贾兰，地位理应高过未生子的孙媳妇王熙凤，却不争权不讨巧，只管埋头做

好自己分内事。如同《汉书》中提到，冰纨色白如冰，平滑如纸，几乎看不出织造的痕迹，所以织"纨"，首先需要高质量的蚕丝，对缫丝纺络的技艺也有极高的要求。与一般丝织品相比，高下立现，也可见李纨的贵族品格。

李纨年轻守寡，贾母王夫人挂在嘴上的"你大嫂子可怜见儿的"，只停留在嘴上，并不认真，在姐姐妹妹的热闹场景中，李纨是陪衬，她的伤痛暗藏其中，甚至连哭泣也只能在宝玉挨打、王夫人哭到贾珠的时候痛快地陪哭一回。

第三十九回：

> 李纨道："你倒是有造化的。凤丫头也是有造化的。想当初你珠大爷在日，何曾也没两个人。你们看我还是那容不下人的？天天只见他两个不自在。所以你珠大爷一没了，趁年轻我都打发了。若有一个守得住，我倒有个膀臂。"说着滴下泪来。众人都道："又何必伤心，不如散了倒好。"说着便都洗了手，大家约往贾母王夫人处问安。

曹公说"女儿是水做的骨肉"，《红楼梦》里描写女子伤心总是不惜笔墨，且不论黛玉宝钗得到的安慰，只说平儿受了贾琏、凤姐的委屈哭了一场，还有宝玉巴巴地殷勤理妆，独有对这大嫂子，却是冷冰冰这么一句，看客思及"纨"的高贵与委屈，也要陪一份心酸。

但怎见得她的心思也是古井无波？

第三十七回　探春起诗社：

> 李纨也来了，进门笑道："雅的紧！要起诗社，我自荐我掌坛。前儿春天我原有这个意思的。我想了一想，我又不会作诗，

藏青地牡丹梅蝶蝙蝠纹漳缎女服，清代，苏州丝绸博物馆藏

石青色缎地三蓝绣瓜瓞绵绵女褂，清代，苏州丝绸博物馆藏

一城明月 半城机声

苏州丝绸的集体记忆

瞎乱些什么，因而也忘了，就没有说得。既是三妹妹高兴，我就帮你作兴起来。"

原来她一早有这样的心思，却等别人来说破，诗社初起之时，她频频发表意见，还都落在点上，将姑娘们的理想落实到可以具体操作的层面，可见是思之甚久了，与之前的沉默自持判若两人，"纨"虽素净，贵气依然，光芒不掩。

纹是指纹样，绮也是平纹织物，经线提花，相比纨略为华丽溢彩。李纹、李绮着墨不多，经常同时出现，能作诗，也并不抢眼，可见是出于同一份家教。曹公用纨、纹、绮做人物名，当然不会无趣到像笔者一般先分析织物结构，不过是取其诗意，与人物性格相对应，但类似织物我等今日已不能随处可见，各位看官切不可因此穿凿附会。

四、《红楼梦》中讲到的清朝服制（朝服、吉服、常服）

曹公写《红楼梦》，虽是假托时代不可考，并借前朝典故编述了一些官名和部门，以"假语存"和"真事隐"穿插表里，从不提标志官员等级的补褂、花翎，但在书中提到的一些重要场合，我们仍可一窥清朝初期对服制要求的细致和严格。

第十六回　贾元春才选凤藻宫　秦鲸卿夭逝黄泉路：

> 贾母等听了方心神安定，不免又都洋洋喜气盈腮。于是都按品大妆起来。贾母带领邢夫人、王夫人、尤氏，一共四乘大轿入朝。贾赦、贾珍亦换了朝服，带领贾蓉、贾蔷奉侍贾母大轿前往。于是宁荣两处上下里外，莫不欣然踊跃，个个面上皆有得意之状，言笑鼎沸不绝。

绛红地彩云金龙妆花绸蟒袍,清代,苏州丝绸博物馆藏

一城明月 半城机声

苏州丝绸的集体记忆

第五十三回　宁国府除夕祭宗祠　荣国府元宵开夜宴:

　　次日,由贾母有诰封者,皆按品级着朝服,先坐八人大轿,带领着众人进宫朝贺,行礼领宴毕回来,便到宁国府暖阁下轿。诸子弟有未随入朝者,皆在宁府门前排班伺候,然后引入宗祠。

第十三回　秦可卿死封龙禁尉　王熙凤协理宁国府：

贾珍命贾蓉次日换了吉服，领凭回来。灵前供用执事等物俱按五品职例。灵牌疏上皆写"天朝诰授贾门秦氏恭人之灵位"。

这里提到了清朝服制中的朝服和吉服，都是清朝出席大型重要场合的服装，如祭祀、重大节庆吉日、宴席盛会等，吉服在使用场合等级上仅次于朝服，我们一般熟悉的龙袍、蟒袍都属于吉服袍的范畴。《红楼梦》中写贾宝玉的服饰多次提到"箭袖"，又称"马蹄袖"，说明宝玉外出、见客多着较为正式的服装，但相互拜见之后的活动则可以穿较为舒适休闲的服装，因此清代官员相互拜访要带衣包和小厮随时准备更衣，就是这个道理。

第三节　民国时期苏州丝绸业的救亡路

一、近代丝织工业之路

　　自南宋开始，蚕业在苏州地区即成为普遍的副业，丝绸生产产业链上的育苗栽桑、培制蚕种、养蚕缫丝、丝织印染和成品经销与城中生活息息相关，贯穿整个城市的发展脉络。1842 年五口通商之后，生丝变为外销的重要商品，外商高价搜求生丝，太湖流域的吴江、震泽、平望等地成为主要产地。然而随着西方各国陆续进入工业生产时代，我国民间手工缫丝车产出的土丝质量已无法与意大利、日本等国相比，苏州丝绸业一度由盛转衰。政府号召，有识之士纷纷响应，丝绸行业率先开始由传统手工业向机器工业蜕变。

　　首先是传统缫丝业的改换新颜。在近代新经济之前很长的时间里，养蚕与缫丝密不可分，牢固地结合在以家庭为单位的小农经济实体中。1891 年，上海出现了第一家外商丝厂，机器缫丝的效率使国人大开眼界，之后合资的股份缫丝厂纷纷成立。1895 年，官督商办的苏经丝厂在苏州盘门外创立，由晚清姑苏状元时任国子监祭酒的陆润庠筹办，当时有意大利进口大直缫机 208 台（次年增至 336 台），为全省第一家机器缫丝厂。随后在苏州葑门外又相继出现吴兴（恒利）丝厂和延昌永丝厂。1929 年，中国第一个农村机械缫丝厂在吴江震泽诞生。蚕茧流通行业随之兴起，蚕农由自己土法缫丝转变为鲜茧出售。1937 年之前，土丝彻底退出市场。

　　其次是织造器具的脱胎换骨，从"东北半城，万户机声"的纯手工传

第二章 第三节 民国时期苏州丝绸业的救亡路

振亚织物公司产品样本，民国，苏州丝绸博物馆藏

振亚织物公司产品样本，民国，苏州丝绸博物馆藏

统木织机，发展到半机械化的新式铁木手拉机，再发展到全机械化的电力织机。1914年（民国三年），永兴泰文记纱缎庄经理谢守祥等5人集资开办苏经纺织厂，之后1917年陆季皋等在仓街开办振亚织物公司，同期又有延龄、东吴等绸厂相继开设，传统木机被大量改造为铁木手拉织机。

振亚织物公司人力手拉织机车间　　　振亚织物公司准备车间（拈丝、牵经）

　　之后很短的时间内，在先进科技发展的诱惑和产量提升要求的压力之下，1922年苏经纺织厂率先试验改进铁木手拉机为电力织机。1925年，振亚厂亦改装电力机试制成功，因产量大增，效果显著，各厂纷纷效仿。1936年，通过国外引进，丝织辅助工序均以机器代替手工，振亚成为苏州首家完全机械化的丝织工厂，开启了苏州丝织工业近代化的发展道路。

　　然后是丝织原料的变化和丝织新品的研发。1912年，苏州城内杭恒富禄记绸缎庄的老板杭祖良为提倡国货，精心开发了用作制服的丝绸新产品"哔叽"，王义丰纱缎庄的王兆祥、王兆昌兄弟也积极改良产品，制成一种丝棉交织的"丝呢"，二者质地较为坚韧挺括，花色翻新，价格便宜，适合制作服装。1913年起苏州开始使用进口人造丝，用于制造衣边和织带业原料。1916年（民国五年），吴江人沈鹏开办经成丝织有限公司，该厂织成的提花经成绉是江苏省第一只桑蚕丝人造丝交织品。1922年起正式采用人丝原料，与真丝交织，巴黎缎就是由振亚公司首先仿造成功的人造丝交织产品之一。同期，以练、洗、晒、不褪色等方法染成黑色人造丝作为纬丝与生丝交织、染练后出现闪色效果的花裹绸也试制成功，人造丝的织物品种逐步更新，包含缎、绉、绸、绡、绒等产品，兼有蚕丝的韧性和人造丝的色泽，成本较纯蚕丝织物为低。

【第二章】 第三节 民国时期苏州丝绸业的救亡路

巴黎缎旗袍,民国,苏州丝绸博物馆藏

最后是丝绸经营方式的革新,由清朝时期的"放料代织"的包工制向购机设厂的方式过渡。丝绸生产链上居于主要地位的家庭式作坊和流通链上居于霸主地位的纱缎庄纷纷退居二线,机坊机户和绸庄老板自发转型,新式绸厂纷纷成立。1921年苏州共有绸厂14家,到1926年即增长到59家,抗日战争之前,苏州有新式绸厂近百家,丝绸生产的小黄金期带来新兴的社会群体,他们建立同业工会,在民国时期的公共事务上发出响亮的声音。

二、建立新型行业组织,守望相助

近代丝绸业的浪潮中诞生了一批新时代企业家,他们受过良好的教育,对东方传统的社会观念和西方先进的科学技术具备一定的了解,手握资本,在此澎湃汹涌的时代变迁中正当有所作为。

苏州的丝绸行会，其雏形可追溯至宋元时期，可谓历史悠久，最为著名的云锦公所，建于道光二年（1822），由丝织、宋锦、纱缎业共同成立。清朝末年，苏州是全国最先一批成立商务总会的城市，第一届议董16名，其中丝绸业占了3名，商会在晚清宪政运动中起到了积极作用。辛亥前后，苏州出现一些地方自治的公社，直接或间接参与了当地的教育、卫生、治安、道路、农业、物价和征税等公共事项，极大地补充了晚期满清政府的不作为。1915年，中华全国商会在北京聚会，苏州的与会代表是王义丰纱缎庄的王介安，他将苏州商会的集体意见带到北京，参与议政，完全改变了封建社会坐以待毙的局面。

但是传统行会封闭、垄断等恶性特质也不容忽视。民国时期，随着手工业向机器工业阶段的过渡，雇主与雇工之间的分歧日益加深，行会的结构发生变化，例如云锦公所的主要成员就变为"专办经丝、招工放织"的账房。同时民国政府为了保护利权和利于管理，倡导对旧式行会改革，规范成立新的行业组织，这一过程一直到20世纪30年代末才算基本完成。代表的有新的云锦公所、绸缎业同业公会、铁机丝织业公会、电机丝织公会、纱缎庄业同业公会等。新成立的同业公会管理上有序、透明，制定业规，调解纠纷；技术上互通有无、努力提高，改善产品质量；市场上注重"调查商情"，促进丝绸行业良性发展。此外，公会作为企业中介，与政府之间形成了有效的联系，例如代收捐税，避免了历史上的层层盘剥，或将市场情况迅速准确地传递给政府，或将诉求形成提案以维护同业利益。

三、从精英教育到推行平民教育

晚清末年，众多仁人志士在救亡图存的努力中意识到，教育才是解决问题的根本途径，随着中国延续千年的人才选拔机制——科举被废止，多

【第二章】 第三节 民国时期苏州丝绸业的救亡路

祥符寺巷原丝业公所门景

年来只有上层阶级才能享受的精英化的私塾教育不再盛行，取而代之的是中西结合，是平民教育。中华民国成立后，孙中山当即强调应在中国实行免费义务教育，文化教育经费由国库补助、提高教师薪水待遇等措施一一展开，民国教育的辉煌成果至今仍让我们津津乐道。

苏州是蚕业教育、科研的发祥地。苏州丝绸业代表们怎能袖手？

最早同业办善，由公会牵头开办学校，同业中寒苦子弟经会员担保查实，可以免费入学，每月学习及生活费用由公会统一开支。

1903年，史量才在上海创办私立上海女子蚕桑学堂。1912年民国元年，迁至苏州吴县浒墅关，更名为江苏省女子蚕业学校。1918年，增设短期传习所。1923年，成立推广部，在农村设点推广养蚕技术、改良蚕种，至1924年全国学制改革时，改为高级养蚕科。1937年，制丝专修科扩充为江苏省立蚕丝专科学校，分设养蚕和制丝两科，仍由女蚕校兼办。校长章孔昭，后为郑辟疆，由政府指拨公地，筹建校舍和桑园，发展蚕业教育，培养蚕业人才。在开展桑树和蚕种新品的试验研究之余，对各地的蚕农进行技术指导，辐射全省甚至全国的蚕桑业。经该校改良的生丝、蚕种屡屡获奖。女蚕校从创办至1948年，毕业学生合计1458名，比如费达生，一生致力于蚕桑科学技术的推广，为新中国蚕业的发展打下坚实的基础。校长郑辟疆所倡导的理论联系实际、实事求是、尊重鼓励妇女自立自强、重视师资力量建设等教育理念，影响了一代又一代的蚕业人。

丝业公学界碑

等到"推进平民教育，实行工读主义"的主张风行开来，苏州除了正规化的蚕丝专科学校和蚕桑科系，也有职业教育型的"育蚕指导所"和"织工补习班"，在很多丝厂绸厂的章程中，甚至规定工人每日下工后必须参加一小时夜校学习，阅读书报更是蔚然成风，学习讨论的氛围督促着业内每一个人的成长。

四、民国时期苏绣发展的里程碑

以"精细雅洁"而闻名的苏绣，在清代为织造府衙为宫廷所用而定制。到了清末民初，西学东渐，苏绣也产生了一些创新的做法，其中代表之一为原名沈云芝的苏州刺绣艺术家沈寿，将西洋油画的明暗、透视等特点融入苏绣技艺中，创造出"仿真绣"，成为近代苏州刺绣发展史的里程碑。由她亲手绣制的《耶稣像》（现藏于南京博物院）1915年在美国举办的"巴拿马太平洋国际博览会"上获一等大奖，闻名海内外。在她的倡议和努力之下，苏州和周边的南通、丹阳、无锡等地分别开办了传习所、绣工科、绣工会等，她亲身授艺，培养了一代刺绣学徒，其针法影响至今不衰。

饲育

第四节　推动丝绸工业发展的那些人

苏州丝绸手工业的发展，至今留下了苏绣、缂丝、宋锦、漳缎等宝贵的非物质文化遗产。而到了民国初期，随着整个社会工业化的进程，苏州丝绸工业在陆润庠、谢守祥、陆季皋等人的带领下，进入了一个新的历史时期。这些丝绸工业的先驱者，在探索与创新中，为苏州丝绸的发展做出了卓越的贡献。

一、陆润庠——创办实业的清末状元

陆润庠，苏州人，跟从祖父母及父亲学习，学识渊博，谙习医学，在书法领域也颇有造诣，留下了诸多书法作品。同治十三年（1874）中状元，成为苏州最后一名状元。甲午战争后，因母亲有病返回苏州，后被两江总督张之洞委以苏州商务总办，在苏州集资创办苏纶纱厂，这是我国最早的机器纺纱企业之一，在中国工业史上占有重要地位。

1895年，陆润庠创设的苏经丝厂试车开工，这是苏州最早的现代化民用企业，也是江苏省第一家机器缫丝厂，是苏州缫丝业跨入机械缫丝与近代工业化的标志。在建厂的过程中，陆润庠"一力承担，不辞劳怨"，在他的细心策划下，两厂于1897年相继投入生产。创办的苏纶丝厂，拥有纱锭1.82万枚，职工2200人；而开设的苏经丝厂，有意大利进口的缫丝车208台，职工500人，一年后缫丝车全部装齐，职工扩充至857人。

这两厂是苏州近代最早的民族工业企业，生产经营状况良好，"所出丝纱，足与上海有名厂相埒"。但相比于经商，陆润庠更热衷于仕途。光绪二十四年（1898），再为国子监祭酒。宣统退位后，陆润庠留毓庆宫，为溥仪师傅，授太保。民国四年病逝于北京。谥文端，晋赠太傅。

苏纶纱厂和苏经丝厂的相继创办，标志着苏州民族现代工业的开端，陆润庠也成为中国近代工商实业史上一代状元经理。

二、谢守祥——织机改革的探索者

谢守祥，原籍浙江绍兴，14岁到永兴泰纱缎庄账房当学徒，因办事得力，5年期满后留任。27岁时被任用为永兴泰文记纱缎庄经理，他做事认真负责，办事干练，逐渐在纱缎同业中崭露头角。

民国初年，苏州丝织业停留在落后的手工木机阶段，改进织机成了当务之急，纱缎同业遂推选谢守祥负责引进铁机的相关事宜。1912年，在上海购买两台手拉铁机，同时派人前往上海学习制织技术，一年后铁机运回苏州。根据购买铁机原型仿制、安装后投入使用的这类型织机，不久就在丝织行业内普遍推广，打响了苏州丝绸行业改革的第一炮，改机的成功也为苏经纺织厂的创办打下了良好的基础。

1914年，在工商实业界提出"振兴实业，挽回权利"的口号下，苏经纺织厂正式成立，37岁的谢守祥被推选为经理，负责经营业务。苏经厂由建厂时的铁机100台，发展到300台，以及电力织机的改革，都为苏州丝织业的发展注入了新的动力，并在苏州丝织业中开创了设备与工艺技术革新及机械化之风。同时，苏经厂兼收男女工人集中生产，按劳计酬，并提供食宿，这是苏州丝织业第一家由分散生产的手工业工场发展为工厂化生产的绸厂。谢守祥作为苏经厂的负责人，主持生产和经营，同时探索新的企业管理模式，制定了严格的规章制度，这些工厂规则以及招收工徒的章程，因成效显著，随后作为参照在全行业内推行。

1918年，41岁的谢守祥被工商界推选为苏州总商会第二任会董，1920年参加发起筹组铁机业同业公会，1921年该会成立时，被选任为首届总董。谢守祥为苏州丝织业设备由手工木机发展到手拉铁机、电力织机，付出了不懈努力，为苏州丝绸工业化的进程做出了卓越的贡献，是一位目光远大的优秀企业家。

三、陆季皋——振兴东亚实业的开拓者

陆季皋又名陆是福，苏州人，世家望族。光绪二十四年（1898）陆季皋师从李文模在苏州纱缎行业中规模较大的庄号——李宏业禄记纱缎庄习业。1906年与陶霞城、娄凤韶、谢去斋等人合资开设华纶福纱缎庄，陆季皋担任经理。民国建立之初，政治局势动荡，苏州丝织业处境极为艰难。陆季皋胸怀大志，决心前往日本考察现代工业，以借鉴其经验。在一年半的考察、学习期间，他参观了东京、大阪等地各大纺织工场，对染织工业进行了专门调查和学习。1917年2月回国后，在他的倡议下，华纶福纱缎庄集资购置手拉铁木机，改组为苏州振亚织物股份有限公司，也就是后来在苏州历史上赫赫有名的振亚丝织厂。取名振亚，寄寓"振兴东亚实业，发扬中华国光"之意，足见陆季皋等创建者的爱国情怀，以及实业兴国的远大抱负。公司选举陆季皋为经理兼总务，主持厂内事务，督造产品，他也一直秉承"重人才、重设备、重质量、重管理"的方针。1925年振亚厂改装电力机试制成功，从此苏州丝织工业由手工业工厂转入了近代工业的发展道路，是苏州近代工业的典型代表。在陆季皋的主持下，振亚多次出资引进国外先进技术装备，1926年进口瑞士电力摇纡车及络并捻设备，1930年进口美国各类准备工序配套设备，1936年引进德国乔其绒织机，使生产条件得到大大改善。到1933年，振亚已淘汰全部手拉机，将电力

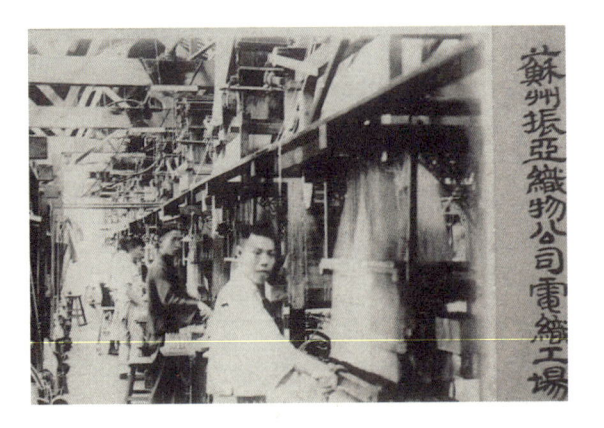

【第二章】 第四节 推动丝绸工业发展的那些人

民国时期苏州纺织行业老照片（振亚织物公司电纺织工场）

振亚织物公司仓街老门景（1917年）

织机发展到72台，成为苏州第一家完全机械化的丝织工厂，生产质量和生产效率也随之提高。公司生产的文华缎、文华纱、巴黎缎、古香缎、花裹绸、振亚锦、挖花绢、乔其绒、双管绡等，因品种优良、花色新颖，很受市场欢迎。1919年获得农商部三等奖章，后又在美国费城万国展览会上获最优等奖。这是对整个振亚织物公司的肯定，振亚在敢于创新、敢于拼搏的陆季皋等创始人的努力经营下，成为在苏州最有影响力的丝绸厂家。

陆季皋作为一位苏州丝织工业早期的企业家，有卓越的领导才能，受到人们尊重。他的受业弟子前后共百余人，其中很多人后来都成为苏州丝织行业的领导人或技术、管理骨干，在全行业中起到了重要作用。

四、汪存志——缫丝业的先驱者

汪存志，昆山巴城人，世代经商。汪存志于1893年起作为随员去台湾从政，至1895年才返回苏州。1896年担任苏经丝厂会计，第二年年底兼代该厂经理。1907年后，随着苏经丝厂、苏纶纱厂的改组，汪存志正式出任经理。他锐意经营，总揽生产，进行一系列的改良示范，以求提高丝茧品质，同时又在葑门觅渡桥经营恒利丝厂，先后创出森泰、赛船、织女牌号等厂丝商标，销行海外，成效卓著。1927年，原苏经及恒利丝厂改组为源茂东西两厂，由汪存志负责西厂业务。汪存志在苏州经营缫丝工业长达34年之久，是颇负声望的早期工厂企业领导者。汪存志年高德隆，在苏参加兴办省内最早的一家近代缫丝企业，数十年如一日，极尽劳瘁。他是苏州工业界的早期先驱者，也是一位踏实苦干、有所作为的丝绸企业家。他的遗作《葵厂年谱》经叶圣陶作序后，提供给苏州市地方志编纂委员会保存，是一份颇有借鉴价值的地方史志资料。

五、陶叔南——不辱使命的丝二代

陶叔南，苏州人，其父亲陶霞城早年在苏与人合伙开设华纶福纱缎庄。1909年，陶叔南至华纶福纱缎庄跟从陆季皋学习丝织技术。1917年，华纶福改组为振亚织物公司，陶叔南负责工务部门，后任协理兼任振亚厂技师。业务上陶叔南善于接受新事物，深得陆季皋器重，逐渐成为振亚公司经营管理的实际负责人。1932年，振亚业务发展成全行业之冠。日寇占领苏州时，陶叔南历经艰难，竭力保全工厂生产设施。为拒绝与日寇华中蚕丝公司合作，把企业分成了振亚织物无限公司（专营机器厂房出租）、振亚绸厂（负责绸缎产销）、一中银号（经营金融业业务）等三个单位。抗战胜利后，他出任苏州丝织业同业公会理事长，成为商界尊重的重要人物。

苏州振亚丝织厂门景

新中国成立后，陶叔南接任振亚公司经理。1951年，他作为苏州私营企业的模范，参加了北京国庆观礼。重新焕发生机的振亚，在陶叔南的领导下，继承开拓进取的企业传统，1954年成为苏州丝织业第一个公私合营厂，正式更名为"振亚丝织"，陶叔南任公私合营厂第一任厂长。1956年，陶叔南在全国政协会议上受到毛主席接见，毛主席亲切地与他握手，问了他的姓名、职业。会见后，陶叔南参加宴会，并与国家领导人一起照了相。鉴于陶叔南的成就和声望，同年2月，他当选为苏州市副市长。

然而，这位丝织业优秀的企业家，在"文革"中受到不公正待遇，回振亚丝织厂劳动。"文革"后，他被恢复名誉，继续享受副市长级待遇。

岁月如梭，苏州丝绸工业的记忆已逐渐远去，但当我们翻开一页页珍贵的丝绸样本，听老苏州讲一讲四大绸厂的辉煌历程，再次走进苏州丝绸博物馆现代馆展厅时，远去的记忆仿佛清晰地呈现在眼前，那是老一辈丝绸工业探索者、变革者在苏州历史上共同谱写的华丽篇章。

参考文献：

1. 钱小萍. 苏州丝绸志［M］. 南京：江苏凤凰科学技术出版社，2016.

【第三章】

一城明月 半城机声

苏州丝绸的集体记忆

第一节　新中国成立后的丝绸发展

新中国成立初期，苏州的丝绸业景况极为萧条。幸好从1950年5月开始，国营中蚕上海进出口公司委托私营的东吴、千里、大中、美彰等绸厂加工代织，还收购他们的存货。自此，苏州所产的各类绸缎，就作为易货贸易，销往苏联、东欧、蒙古等国。当时，仅1匹塔夫绸就可以换回1吨国家最为紧缺的钢材。国家统一销售逐渐成为主渠道，所以丝绸业成为最早全部纳入计划经济轨道的行业，实行制造业与商贸业分离，机械生产和手工生产分家。

苏州市区丝绸业的主体——丝织业，自1950年起，300余家私营的小丝织厂（工场、作坊），通过公私合营和改组，先后集结成为7家大中型的公私合营丝织工厂：振亚丝织厂、东吴丝织厂、光明丝织厂、新苏丝织厂、新光丝织厂、宋锦漳缎厂、东风漳绒生产合作社。曾经被苏州人骄傲地称为国内丝织业规模最大的"四大绸厂"（振亚、东吴、光明、新苏），在之后的近半个世纪中，成为苏州丝织业的四个顶梁柱，支撑起了整个苏州市区的丝绸织造业。

在包括缫丝、印染及科研、教育在内的苏州现代丝绸产业链中，丝绸织造与丝绸炼印染成为其中体量最为庞大的两个块面，成为苏州诸多工业门类中知名度最高、最有苏州地方特色的传统产业之一。苏州丝织业在高度计划经济框架下，凭着有深厚底蕴的特色丝绸产品和巨大的出口创汇优势，靠着国家与地方多方面的扶持，很快形成纯公有的丝织规模型经济。

从此，苏州丝织业持续不断地扩张，到改革开放之前，明清时期苏州

【第三章】

第一节 新中国成立后的丝绸发展

20世纪80年代初的光明丝织厂

20世纪80年代的新苏丝织厂

20世纪80年代末的东吴丝织厂

丝织业的最兴盛之地,曾经"万户机杼,彻夜不辍"的东北半城,集结了8家大中型丝织工厂,其织造规模和产能都比初期扩张了6—8倍。

在丝绸产业链中,织造历来属于薄利产业,而丝织品的高附加值,最终都体现在深度加工后的绸缎及制成品中。自上世纪70年代起,苏州丝织业中先染丝、后织造的被称为熟绸的产量逐步减少,丝织厂开始主要生产白坯绸,同时,丝绸炼染印花业得到了相应发展,染色绸、印花绸的出口比重逐步提高。

改革开放之前的30年间,苏州的绸缎品种几乎全部服从外贸出口需求，以此引领产业结构、装备结构与品种结构的调整。1949年苏州绸缎品种仅40个，到1977年已经恢复、增加到170多个，花色近4000种，在高档丝绸传统面料的传承开发与真丝绸印花方面成为国内领头羊；各类丝织品的出口与民族贸易需求量逐年上升，畅销世界90多个国家、地区和国内各少数民族地区。1978年，苏州城区出口丝织品的数量占江苏省丝织业的55.2%，占全国丝织业的七分之一。苏州城区丝织业出口创汇额占全国丝织业的21%。同时丝织业也成为苏州市区吸纳劳动力最多的一个行业，当时在苏州市区工业的每十个员工中，就有一个是丝织工人。

从1979年到1993年的14年间，在改革开放的背景下，相对宽松的宏观环境和巨大的市场需求空间，使苏州市区的丝绸业又一次获得持续的扩张，直至发展到顶峰。

或许我们从1980年和1993年的一组对比数字就可以看出来：丝织品总量从0.6648亿米提高到1.5亿米，居全国各丝绸生产城市之首；丝织品出口创汇从6000万美元提高到1.05亿美元，为国内同类城市第一；销售收入从4.46亿元提高到20.83亿元。各项经济数据都达到了历史记录的顶峰。这一时期，一批丝织厂新建了起来，炼印染能力也得到了相应的扩展，丝绸制成品产业起步做大，丝绸文化及出版起步发展。

1979年之后，苏州丝绸业的经营方式，也从单一的统购统销转变为与自产自销（以人造丝与合纤绸为主）相结合。1979年，由于商业部门不能按计划进行收购，导致各家丝织厂的合纤绸一度压库，于是工厂只能自行销售。慢慢地，各家丝绸厂都开始经销自己生产的产品，建起专门的销售科室，并设立门市部或外宾小卖部，开始直接与客户或消费者接触。从此打破了自1956年以来长达20余年的"工不经商"的格局，使企业从纯生产型向生产经营型转变，也是苏州丝织业转型升级的起步之举。

部分开放松绑后的丝绸市场极其红火，供不应求，全行业呈现出产销两旺的景象。特别是在1987年苏州正式开展自营出口业务后，整个外贸系统各家公司都抢着经销出口真丝绸，1988年春开始的"蚕茧大战""厂丝大战"，推动了原材料价格的不断攀升。就是在这样一种状态中，依托大量进口喷水织机发挥出的效能，1993年，苏州丝织业各项经济指标冲到了历史的顶峰。这一时期，苏州丝绸业在科技革新、品种开发、质量保证等方面都领先于国内同行。1993年11月初，国际丝绸协会建立以来首次在欧洲之外的城市——南京与苏州召开代表大会，来自24个国家和世界银行、联合国粮农组织等国际组织的代表为苏州丝绸业久远的历史与持续的繁荣而惊叹。

1994年是国家推行财税、金融、外贸、投资、社保等多项体制改革的头一年，也是在城市试行国有企业破产和开展企业优化资本结构试点工作的起始之年。但对于苏州国有丝绸业来说，则是负担加重、步入困境的开端之年。丝绸业的无序、恶性竞争，丝绸市场供需的严重失衡，致使各家工厂出口的厂丝、坯绸及服装被迫竞相压价。1995年国内丝绸行业第一次出现全行业亏损，而在国有丝绸业困境的恶化程度还难以预测的情况下，苏州各丝织厂紧跟市场产品变换的节奏，抓适销品种和新品的开发与投产，不断翻改机台。生产如此紧贴市场的快节奏运转，是苏州丝织历史上很少见的。但这一切努力的结果，除了个别工厂的困境稍有缓解外，总体上仍然无法抑制住整个行业快速下滑的颓势。

从1997年开始，苏州丝绸业的大部分企业处于停产和半停产状态。1998年1月，省政府根据苏州丝绸业的实际情况，正式行文，向国务院提出请示，将苏州丝绸破产兼并项目列入国家重要结构调整项目计划。自此，到2003年，苏州每年都有若干家企业列入国家非试点城市企业破产工作计划，苏州一批特困企业，特别是丝绸、纺织、轻工等行业中的大中型特困国企都平稳退出，并获得了政策扶持。同时，为了尽量保存一批苏州丝绸业的火种，从2000年起，对留下的部分工厂、单位，大力度推进股份制改造和民营化改制，到2004年基本完成。

丝绸行业工作场景（苏州第一丝厂立缫车间）

丝绸行业工作场景（苏州绸缎炼染一厂坯绸仓库）

一城明月 半城机声

苏州丝绸的集体记忆

2008年4月，暂寓东北街娄门苏州东风丝织厂地块的"建新租老"企业——苏州东风丝织厂有限公司与苏州锦绣丝织厂有限公司运行8年后均关闭销号。这两家丝织公司百余台织机停止运转，标志着近千年"东北半城，万户机声"的苏州古城区东北半城丝织业历史的终结。苏州，这个中国四大绸都之首，就这样沉默了下去。

在公有经济退出丝绸织绣领域的同时，各类桑蚕丝绸织绣最终产品开发加工与贸易的基础开始奠定，吴江、吴县和苏州城区的一批民营丝绸织绣企业与工商户应运而生，分别从事桑蚕衍生品、家纺蚕丝制品、真丝绸织造、练染印、服装服饰制品、苏绣工艺品、缂丝制品等以终端产品为主的生产与贸易。出现一批拥有自主知识产权、品质精良的终端产品和有一定知名度的品牌。

2011年国家茧丝绸"十二五"发展规划明确苏州的定位是"打造成为国际化的丝绸都市"。次年，苏州市政府出台《苏州市丝绸产业振兴发展规划》，形成对丝绸业的扶持与助推机制。在基本完成从单纯绸缎初级加工向以丝绸终端产品和丝绸贸易服务的艰苦转型之后，苏州丝绸业紧贴市场需求，与旅游、文化、医疗、科研、教育等领域实现跨界融合，努力传承保护，追求时尚创新，互动日趋紧密，成果开始涌现。苏州蚕桑丝绸织绣产业的文化属性日益彰显。

塔夫绸的制造工艺非常复杂，对于蚕丝的要求特别高，产量也不多，是制作礼服的上品。尤其是苏州东吴丝织厂生产的塔夫绸，花纹光亮、绸面细洁、质地坚牢、轻薄挺括、色彩鲜艳、光泽柔和，享有"塔王"的美誉。早在1910年，塔夫绸就在巴拿马万国博览会上夺得金奖，在国际上大出风头。1951年，东吴丝织厂生产的塔夫绸首次代表中国在欧洲七国展出，轰动了欧洲市场。在1955年至1959年期间，塔夫绸的生产、销售不断创下历史新高。苏州东吴丝织厂生产的真丝塔夫绸具有"柔而平挺、薄而丰满"的风格特征，成为第一批国家金质奖产品，并且在1981和1988年两次获得此项殊荣。

尽管后来塔夫绸由于成本高、原料要求高、工艺流程长、技术要求高等特点，逐渐在化纤等新型原料的冲击下淡出了人们的视线，但东吴丝织厂及其生产的塔夫绸在上个世纪创下的种种辉煌却是不可磨灭的。在中心的库房内，收藏着当时东吴丝织厂生产的荣获国家金质奖的素塔夫绸以及当时的订货单、英文原件等一系列完整的档案，另外，制作塔夫绸的技术资料也被作为国家机密档案在中心珍藏着。这些档案资料对当前的丝绸产品开发以及今后的丝绸研究具有非常重要的价值。

二、四次党代会的见证者——党代会专用红绸

一块红绸、几张信纸，承载了苏州丝绸的自信与荣耀。谁能想到，这块看上去普普通通的红绸，竟曾连续四次出现在党的全国代表大会现场，成为十五大、十六大、十七大和十八大四次党代会的见证者。

1997年十五大召开前夕，苏州绸缎炼染一厂接待了来自中共中央办公厅的几位工作人员。他们在苏州市委办公室工作人员的陪同下，参观了工厂，并认真询问了厂里的丝绸生产情况。这批特殊的客人是为十五大挑选红绸而来。绸缎炼染一厂的一种被厂里工人称为"党旗红"的红色从上

万种红色中脱颖而出，受到了中共中央办公厅工作人员的青睐。但这仅仅是第一步。党代会所用的红绸要求十分严格，不但要保证"零色差"，这意味着每一寸的红绸颜色都要保持一模一样，此外还要有比一般丝绸染色更强的色牢度，也就是说，颜色在一定条件下不会发生变化，不能轻易褪色。这对从挑选坯布、染色，到定型后处理和检验等每一道工序都提出了很高要求。

为了满足党代会的要求，苏州绸缎炼染一厂的工人们选用了当时最好的原料，用最好的工艺来完成红绸的制作，每一道工序都精雕细琢，光是挑选用来染色的坯布原料就花了一个月的时间，染出的红绸色泽艳丽、光泽度好、无色差、不容易褪色，圆满地完成了十五大专用红绸的订单任务，并收到了中共中央办公厅寄来的感谢信。

此后尽管苏州绸缎炼染一厂几次变更厂名，但2002年党的十六大、2007年党的十七大和2012年党的十八大的红绸订单还是相继花落该厂，并连续三次收到了中共中央办公厅写来的感谢信。

三、中国"锦绣之冠"——宋锦

宋锦是苏州织造中的一个传统丝织品种，与南京云锦、四川蜀锦并称为"中国三大名锦"，并有着中国"锦绣之冠"的美誉。历史上宋锦是为皇亲国戚贵族服务的"锦上添花"之物。除了制作贵族服饰以外，由于宋锦面料美观、耐磨性好、立体感强，也常用来装裱字画。

与刺绣等工艺不同，宋锦织造是一项系统工程，要画图，要设计，然后拿到工厂指导机器按照图样操作，还要挑选合适的丝线，选择颜色印染，最后上机，制成成品。因此，产量低、成本高、工艺难度大是传统宋锦的主要特点。到了近现代，丝绸纺织大范围工厂化，宋锦由于生产流程复杂、织造机械开发滞后，新中国成立后只有苏州的东吴丝织厂和织锦厂能生产，产量也越来越少。后来，苏州市区原有的生产工厂相继倒闭，技术人员和技术资料严重流失，宋锦工艺濒临失传。

面对宋锦厂大量倒闭，为抢救宋锦，时任苏州丝绸博物馆馆长的钱小萍到处呼吁。她调查走访，收集资料，写出调查报告，带领学生沈惠、沈芝娴，工人朱云秀，修复和复原了失传的宋锦花楼织机，并复制了失传的宋锦文物。

2006年6月，苏州宋锦织造技艺列入国务院颁布的第一批国家级非物质文化遗产名录。2007年，钱小萍被评为"宋锦织造技艺国家级代表性传承人"。2009年9月，联合国教科文组织保护非物质文化遗产政府间委员会第四次会议批准中国蚕桑丝织技艺列入《人类非物质文化遗产代表作名录》。苏州宋锦作为中国蚕桑丝织技艺的重要组成部分，也位列其中。2014年，北京APEC会议领导人"新中装"的主体面料正是宋锦，选用了钱小萍设计的宋锦字纹，并由吴江鼎盛丝绸有限公司生产。

苏州丝绸博物馆宋锦织机

四经绞罗（周家明提供）

由此开始，宋锦被大众和社会所熟知，宋锦产品进入了一个相对快速发展的新阶段。

四、濒临失传的战国织造技艺——四经绞罗

苏州是罗的故乡，织罗技艺高超，素有"吴罗"之称。

四经绞罗是罗中结构较为独特的一种，起源于战国时期，是古代丝织品中的代表之作，内含高超的工艺技术手段，是我国古代劳动人民的智慧结晶。它以四根经丝为一绞组，与左右邻组相绞，四根经丝间也互相循环，直中有曲，曲中见直，曲直相宜形成绞孔，常被称为椒形孔。

四经绞罗有"素罗"和"花罗"之分，其中"花罗"的制作难度最高，要经过挑花、结本、引线、穿综、穿筘、上机织造等20多道工序，而且全部需要手工制作。一个熟练的织工每天最多只能织 30 厘米。四经绞罗轻薄透气，其面料表面呈现出若隐若现的浮雕效果，与皮肤的摩擦小，便于散热。在中国古代，四经绞罗是最好的夏季服装面料。

由于四经绞罗的织造技艺过于复杂，且织造效率低下，在元末明初逐渐失传。清末民初至今，现代机器工业冲击尤甚，四经绞罗织造工艺逐渐湮没。四经绞罗的复制恢复，成为纺织研究者长期以来难解的心结。从 1986 年开始，苏州丝绸博物馆几经研究，试图恢复四经绞罗的织造技艺。1989 年，终于成功恢复四经绞罗的织造技艺。上世纪 90 年代，苏州家明缂丝厂厂长周家明也在多年摸索下，成功恢复"菱纹罗"的织造技艺。为保护和传承这一珍贵的传统织造技艺，在苏州家明缂丝厂、苏州丝绸博物馆、苏州丝绸行业协会、苏州市工商档案管理中心等单位的共同努力下，在一些老丝绸人的帮助下，四经绞罗织造技艺被列入第六批苏州市非物质文化遗产代表作名录。2016 年又被列入江苏省非物质文化遗产代表作名录。

五、丝绸之路上的浮雕——漳缎

漳缎始创于明末清初，诞生于苏州官办织造局御用丝织工匠之手，是绒类的一个品种，系全真丝色织提花绒织物。历经数百年，生产漳缎的整套工艺和相应的设备至今都没有被改变和超越，并无法用机械代替，仍需手工操作完成。

取名"漳缎"，与它产生的历史有着渊源关系。元代时，福建漳州地区在当地所产的漳绸基础上生产出一种起绒的全素丝织品，称之为"漳绒"。明代末期随着蚕桑养殖业的南移，漳州地区失去了生产丝绸的能力，但漳绒却延传至南京、苏州等地。

苏州的能工巧匠十分聪慧，他们吸纳了漳绒的起绒织造技艺，结合当时成熟的"苏缎"工艺，取用缎纹组织结构来展现绸面质地的富丽，同时

【第三章】

第二节 值得被记住的那些故事

苏州丝绸博物馆多彩漳缎织机

又引入了云锦大提花图案的风格特征，将这三者之长巧妙地结合起来，应用束综提花织机的提花原理，再根据绒织物的结构特点，创造了独有的装造设备和织造工艺，制织出了一种新的丝绸产品。这种产品既是贡缎地，又具有类似云锦的大提花，并且织成的花纹图案具有像漳绒那样的绒结构，因而它比漳绒更立体，更能突显出绒的魅力，也由此赋予了自身华贵却含蓄不张扬的气质。正是由于这种丝绸产品在起绒的织造工艺上源于漳绒，又以缎纹为织物的基本组织，故名为"漳缎"。

新中国成立后，像漳缎这样的传统丝绸产品在政府的关怀下，依然保持着一定的产量。值得一提的是，1959年国庆十周年庆典，人民大会堂沙发、靠垫的面料就是漳缎。"文革"期间，漳缎被视作封资修产物而停产。1979年，在原新光丝织厂副厂长潘宜平倡议和政府支持下，成立"苏州漳绒丝织厂"，使停产15年的漳缎生产得到恢复。但到上世纪90年代初，漳缎在苏州的生产基本停顿。

早在1983年，苏州丝绸博物馆筹建初期，钱小萍就提议传统漳缎技艺也应列入保护计划。1987年，苏州丝绸博物馆将挖掘并复原的传统漳缎织机陈列在唐寅祠丝博馆，并进行操作生产表演。1991年，苏州丝绸博物馆正式落成后，那台被挖掘复原的、国内仅有的传统漳缎织机由老工匠谢明根带徒操作传承，并在丝博馆展厅内演示。至1995年，80高龄的谢明根才离开丝博。

1995年6月，馆内漳缎机上发生了严重的花本损坏，时任馆长助理、分管文物复制和织造纺管理工作的王晨，毫不犹豫地承担了研究漳缎、复原花本的任务，并获得成功。

2002年，苏州丝绸博物馆馆藏的清代"藏青地牡丹梅蝶蝙蝠纹漳缎女服"复制成功。2009年，漳缎被列为苏州市非物质文化遗产代表作，2010年被列为省级非遗，这项技艺的保护工作终于得到了保障。

现在，苏州有漳缎织造技艺省级代表性传承人王晨、市级代表性传承人马梅君。2012年7月，王晨申报的《苏州传统漳缎技艺研究》项目通过了清华大学艺术与科学中心组织的专家评审，并获得"优秀"，项目入选纪录片《中国，才是美》第二集《华美漳缎，温暖岁月的襟怀》，在凤凰网播映。

第三节　大街小巷的丝绸记忆

每个城市都有一种独特的建筑风格，一种令人心动、给人亲近的感觉，一种吸引人们去欣赏、去感受、去体验的东西，一种值得长久留存于记忆、长久追忆回味的东西。

苏州是一座令人神往的城市，青石板铺成的小路经过岁月的洗涤，有的表面已经磨平，石板缝里露出一层浅浅的绿苔，显示出生命的活力与朝气。游走在苏州的大街小巷，人们会发现，很多悠长的街巷、幽深的小弄、高耸的石桥、亲水的码头、传奇的古坊，乃至居民新村，都很有趣味，其中很多街巷桥梁名称和苏州丝绸有着密切的联系。苏州一共有多少丝绸地名？没有人能够给出精准答案，但是都有值得回味的故事，都值得著书立说，晓示世人、传诸后代。不如就去看一看苏州的丝绸地名，领略一番像苏绣一样的精、细、雅、洁，追忆一段苏州丝绸的历史。

如今，苏州的街巷依然与宋《平江图》上所示的棋盘格基本相同，走向以东西、南北为主，依然是粉墙黛瓦，分外静雅。江南多雨，天街小雨润如酥，雨天的每条巷子，粉墙黛瓦的屋檐下，都会挂上一串串珍珠的帘幔，在微风中发出"滴答、滴答"的乐声。

众所周知，美丽轻柔的绸缎原料茧丝，是家蚕结茧时的分泌液凝固而成的纤维。桑叶是家蚕的口粮，因此，栽桑养蚕是丝绸生产经营的先决条件，据说最早懂得栽桑养蚕之法的是黄帝的妻子嫘祖。唯亭草鞋山是个地名，这里的文化遗址距今有6000多年的历史。20世纪50年代初从中出土了已炭化的纬花绞纱罗织物，以及陶制纺轮、骨制梭形器、木制绞纱棒等纺织工具和缝纫工具。

至今，南接七公堂弄，北到葑门路，有一个地名叫作"蚕桑地"；南出悬桥巷，北至菉葭巷，有一条蚕丝弄；南到沙皮巷，北到东中市之间也有一条桑叶巷。这几条小巷原来都是以种桑、养蚕、缫丝为业的地方。

竹辉路与乌鹊桥路交界的地方，更是有个大名鼎鼎的养蚕里，20世纪30年代，这里创办过"葑溪蚕种场"，成片的桑地、洁净的蚕房，成为苏州古城东南一景。1982年到1995年期间，建起了养蚕里新村，成为苏州地段最好、建设最早、配套最完善的居民新村之一。

苏州历来是经济发达的江南水乡城市，各种行业作坊遍布大街小巷，有些街巷就是以行业特征命名的。自古以来，苏州丝织业发达，为全国丝织中心之一，其中最有名的丝绸地名是位于观前闹市的北局和太监弄。

明朝廷在苏州观前小公园一带设立织造局，专门为朝廷生产绫、罗、绸、缎、绢、绡、绨、绉等丝织品。据《苏州织造局志》介绍：苏州织造局，是清朝的行走机构之一。随着明清时期经济重心南移，江南成为最为重要的丝织业中心，清代在江宁（南京）、苏州和杭州设立三个织造衙门，合称江南三织造，从内务府司员中各派一员监督，简称"织造"。明由提督织造，太监主管。清初依旧制，顺治时曾由户部差人管理。《红楼梦》作者曹雪芹的祖父曹寅和舅祖李煦曾先后担任过苏州织造。曹寅任苏州织造2年，江宁织造20年。曹雪芹出生在江宁的时候，李煦已经不再担任苏州织造，3年后曹家被查抄。

清顺治三年（1646），又在带城桥东的明末贵戚周奎故宅（今葑门内带城桥下塘的苏州市第十中学）建织造局，名总织局，因此现在的带城桥下塘曾名苏州织造府场。清康熙、乾隆每次南巡江南，都把苏州织造府作为行宫。据说《红楼梦》里的大观园就是依照苏州织造府为蓝本构思的。因为小公园织造局位于总织局之北，所以原织造局为北局。苏州人把北局俗称为小公园。又因为明朝时有太监居住在原织造局（北局）之东，这些太监的聚居地就被称为太监弄。

清末，苏州个体纺织业蓬勃发展。民国初年，平江路、花桥、仓街北端非常热闹，机户、工匠在这里聚集，走到那里，无论白天黑夜，都能听到织机工作的"嘭嘭"之声，不绝于耳，因此民间有"东北半城，万户机声"之说。这里的行人，来来往往，川流不息，他们中大多是吃丝绸饭的织工或者做丝绸生意的商人，他们为丝绸而生，为丝绸而忙。

花桥倒影在清澈的平江河水面，映现出玲珑飘逸的身姿；配上已经磨损的雕栏，印照着岁月的痕迹，与古城苏州的风韵融为一体。平江路花桥一带，几乎全是纺织工场。许多没有生产资料的纺织工人，都聚集在花桥附近，在细雨霏霏的堤岸等待业主雇用。因纺织工人大都是花缎工，所以俗称"花工"。花工聚集等待招工的桥梁，成为名副其实的花桥。业主需要雇用纺织工人，就到花桥招募。花桥下的两条小巷也便成了东花桥巷、西花桥巷。

位于狮林寺巷的吴绣弄、史家巷的苏绣里、甫桥西街的绣衣弄、景德路南的绣线巷、留园路的绣花弄、司前街织里桥（现名吉利桥）北的织里弄等等，都是织绸、刺绣的主要街巷。行走在这些小巷里，会使人不禁想象戴望舒描写的那位丁香一样的姑娘，穿着洁白与绿荷相间的淡色丝绸衣裳，撑着一把油纸伞，独自彷徨在悠长又寂寥的青石板雨巷，向我们款款地走来……

此外，吴绣弄北头曾建有吴县刺绣总厂，苏绣里居住的大多是苏州刺绣厂职工，绣花弄里有许多绣棚，有许多刺绣女工。

织里弄具体位置东出养育巷，西出府东巷。织里，是由春秋时期吴王宫廷所设，专门从事织造锦绸的场所，有北宋范成大《吴郡志》为证："织里桥，今讹为吉利桥。"苏州科技学院人文学院教授戈春源在《吴地丝绸之路的重要源头》里也说："吴国都城有织里之名，应是官营纺织业的所在地。"

望星桥北堍23号的茧庐，名称中有一"茧"字，与丝绸似乎无关，但是与"作茧自缚"有密切的联系。"文革"前，山雨欲来风满楼，聪明的苏州侦探小说家程小青想做一只蚕蛹，把自己关在家中，不理世事纷扰，潜心著文，自题"茧庐"两字躲避冲击，可茧庐抵挡不住狂风暴雨，他还是被打成了"反动文人"。

苏州地区历来经济发达，农、工、商繁荣，富甲天下，因此旧有"三关六码头"之说，即指阊门一带的南码头、北码头、太子码头、万人码头、丹阳码头和盛泽码头。

盛泽有"日出万匹，衣被天下"之美誉。盛泽码头是盛泽丝绸漕运到苏州，然后销往全国各地的专用码头；盛泽码头也是地名，东接阊门内下塘，西至阊门内城河。清光绪十三年（1887），官府还在离盛泽码头不远的水关桥立了块"吴县永禁占泊绸庄船埠码头碑"，以保障盛泽丝绸商人的权益。感谢一代代丝绸商人的努力，使得丝绸被褥、服装、鞋帽、饰品，不再是王公贵族的专享，成了普通人的寻常之物。例如普遍受到人们喜欢的被面、旗袍、围巾、靠垫、手包、立轴、条屏、册页等等。

苏州的每一个地名，似乎都有着传奇的故事和神秘的传说。锦帆路曾是一条小河，春秋苏州子城皇宫西侧的水道。据说春秋吴王曾经用锦制帆，让张满锦帆的小船航行在王宫的水道上。这条水道便有了锦帆泾之名，至今尚在，名锦帆路。

滚绣坊乃宋代古坊，北宋元绛故居。元绛是一位推官（州一级的隶属断案人员），后来做到参知政事。元绛官服由丝绸制成，并且滚绣装饰，领子、袖口、下摆分别刺绣、镶花边、绣花卉、绘金印。据说元绛辞官归老后，知州章祐为他在巷西口立衮绣坊（今滚绣坊），巷因而得名。

苏州的街巷，有的在繁华之后经历了萧条，有的在惨痛之后又重振雄风，有的随时代变迁而不断演化，有的在大浪淘沙中消失，有的在条件成熟之后脱颖而出。观前街北面的旧学前，曾经小店林立，布满了茶馆、书场和赌场，其中最多的还是绸庄和丝绸服装店，绸布、服装，应有尽有，供人挑选，所以在苏州向有"吃煞太监弄，饿煞仓街，着（穿）煞旧学前"的说法。

旧学前46号曾经有所苏州丝绸职业中学，专门培养丝绸工作的高素质劳动者和技能型人才，毕业生具备丝绸专业知识和比较熟练的职业技能，具有较强的就业、创业能力；具有健康的身体和心理；具有基本的绸品创造技能和欣赏素养。

苏州地名中还有很多虽然没有出现"丝绸""刺绣"等字样，但是只要一提起这些地名，人们立刻就会联想到它们实实在在富含的苏州丝绸内涵。祥符寺巷有云锦公所，文衙弄有七襄公所，桃花坞有钱江会馆，景德路有刺绣研究所；西北街47号、西北街140号、人民路540号、仓街虹桥浜11号，分别是四大绸厂之新苏丝织厂、光明丝织厂、东吴丝织厂、振亚丝织厂的厂址。另外，盘门外还有苏经丝厂，这可是苏州状元陆润庠办的苏州早期丝绸工厂。这些深藏的丝绸地名，也值得我们去细细品味。

【第四章】

一城明月 半城机声

苏州丝绸的集体记忆

第一节　应运而生的苏州丝绸博物馆

1981年春，苏州市政协第六届委员会第一次会议在东吴饭店举行。讨论会上，常务委员、中国第二代人造血管的发明者、著名丝绸专家钱小萍呼吁："苏州是一座历史文化名城，又是丝绸之乡，我们这一代有责任把祖先创造的优秀丝绸技艺继承下来，并传给后代。"她从古城苏州传统文化的保护，讲到丝绸技艺的挖掘和保护。就是这第一声呼吁，为未来苏州创建丝绸博物馆迈出了第一步。

第二年，钱小萍和苏州丝织试样厂设计室高级工程师胡芸开始走访丝绸行业的老前辈，调查苏州丝绸工业历史的盛况与衰败。调查结果让她们愕然，苏州市在机上大量生产丝绸品种的只有100多个，而历史上苏州丝绸品种最多时有200多个。高档传统丝织品因为工艺复杂，产量不到全市丝绸产量的4%。在大量调查的基础上，她们撰写了题为《恢复和发扬苏州丝绸传统产品》的调查报告，不久，这份报告便摘要刊登在1982年第四期《江苏丝绸》上。同年12月，她们又在《经济学周报》上发表了几乎整版的文章《救救传统丝织品》，文中大声疾呼："丝绸传统产品的现状，实在令人痛心和担忧，对于古老的优秀丝绸产品，如再不迅速抢救，势必人亡技绝！这将是中华民族的损失，而且将会使我们成为上对不起祖先、下对不起子孙的一代罪人。"文章首次明确发出了在苏州紧急建立一个古老丝绸产品研究中心的呼吁，这个研究中心也就是后来提出筹建苏州丝绸博物馆的最早构想。

春风又绿江南岸。1984年的阳春三月，钱小萍经过深思熟虑，在市政协七届二次会议上提出了创建苏州丝绸博物馆的具体设想，并正式形成提案。同年5月，在北京参加全国六届二次人代会时，江苏省副省长张旭武，这位我国著名实业家、南通博物苑创始人张謇的孙子，被钱小萍的一腔热血所打动，在她发言的基础上亲自动笔起草了《关于创建苏州丝绸博物馆并附设古丝绸研究中心》的提案提交大会。

1985年3月底，苏州市人民政府正式批准，同意创建苏州丝绸博物馆，并下拨了5万元开办经费，这在当时实属不易，用这笔钱来维持筹建组十来个人的生计不成问题，但要筹建一个博物馆，仍是杯水车薪。钱小萍带领筹建组成员，四处呼吁，争取支持，筹措资金，落实场地。

"志既坚，虽难亦易；志不坚，虽易亦难。"苏州市政协副主席谢孝思送给钱小萍的这两句话，让她增强了信心，看到了希望。

在资金困难时，江苏省丝绸进出口公司经理任醒，这位为江苏丝绸事业兢兢业业的企业家，立即同意拨款20万元作为建设经费。随后中国丝绸进出口公司江苏分公司、江苏省总公司所属的其他丝绸企业、苏州市丝绸公司等丝绸企业都给予了慷慨资助。在社会各界及江苏省、苏州市人民政府的大力支持下，到1990年底，"苏丝博"第一期工程的总投资基本落实。

在筹建博物馆时，钱小萍始终坚持征集文物资料和研究古丝绸文物复制工作要与资金筹措同步进行。苏州历来是生产锦绣之乡、积聚绫罗之地，历代丝绸史料十分丰富，技艺精湛，但一直以来并没有注意收集和收藏。特别是在半封建、半殖民地的旧中国，苏州丝绸文物几经沧桑，屡遭破坏，再加上"文革"浩劫，更使不少传统丝织品及其技艺濒临失传，因此挖掘和收藏工作迫在眉睫。在筹建过程中，他们不断地从各种渠道收集丝绸珍品实物、文字、史料，特别是从丝绸界的老前辈、老艺人那里挖掘、征集、整理那些活的史料，并研究用哪些科学方法加以保藏，以便进行规范的深入研究。

1986年9月，在庆祝苏州建城2500周年的盛大节日里，苏州丝绸博物馆在北寺塔的两个大殿举办了"古今丝绸陈列展",这次筹建以来的第一次亮相,在社会上引起了巨大的反响。张旭武副省长在参观时欣然命笔:"观后感慨万千,保护祖国丝绸珍宝,责任不可推卸。"

展览结束后,展品撤至桃花坞的唐寅祠,筹建组也在这座破旧的祠屋里开始研究和复制工作。他们参与了长沙马王堆出土的西汉丝绸珍品的分析研究,并研究复制了江苏金坛出土的宋代链式罗和故宫博物院所藏商代玉刀上的丝帛。紧接着,又和中国历史博物馆(现为国家博物馆)合作,有计划地进行丝绸文物复制,先后复制成功五件丝织文物。国家文物鉴定委员会一致肯定这些复制品达到了形似和神似的效果。1988年10月27日,苏州丝绸博物馆在唐寅祠举行了开馆典礼,简单而庄重,我国第一家丝绸专业博物馆就此诞生了。

研究和复制工作在有条不紊地进行着,博物馆新馆的筹建工作也进入了攻坚阶段。这是关系到千秋万代的大事,一定要达到设计高水平、建造高标准。在张旭武和吴锡军两位副省长的支持下,钱小萍找到了中国工程

唐寅祠里的苏州丝绸博物馆

古丝绸文物复制研究鉴定会

苏州丝绸博物馆落成典礼

院院士、著名建筑设计师齐康，由他亲自操刀。在设计规划时，充分听取了全国知名文博专家及社会各界人士的建议和意见，完全按照博物馆的专业特点和社会服务功能要求进行设计，因此整体布局和功能设置十分合理到位。

1991年10月，在北寺塔风景区畔，一座占地8300平方米、建筑面积近5000平方米的苏州丝绸博物馆新馆终于落成。作为一个专题性的博物馆，苏州丝绸博物馆的建筑紧紧围绕着丝绸这个主题。从进入博物馆大门，就看到一条横贯东西的象征性"丝绸之路"。迎面纵贯南北的曲线墙面前屹立着三尊大理石雕像——织绸女、浣纱女和采桑女，亭亭玉立。序厅中嫘祖的塑像、"桑蚕丝帛"四个甲骨文字，还有大型线刻壁画，点出了丝绸的真实内涵。"沙漠驼队"的雕塑，形象地展示了中国丝绸和东方文明向西方传播的场景。

苏州丝绸博物馆在建馆之初，就突破了传统博物馆的思维方式，探索了博物馆运作的新模式。在文物陈列形式上别出心裁，几乎每个展厅都采用不同的表现形式，比如复原陈列法、景观陈列法与烘托陈列法相结合，使其更加生动、逼真，具有很强的艺术感染力。比如蚕桑居内，就是一派江南蚕乡农家栽桑养蚕的生活景象。此外还开创了动静结合的陈列形式，比如"织造坊"内，陈列着不同朝代、不同形式的手工织机，这不是陈列的模型，而是有工人在进行生产和操作表演。这种模式既挖掘了珍贵的传统工艺，又能让参观的人欣赏和参与，一举几得。国际丝绸协会主席阿道夫参观后也颇为激动："我做梦也没想到今天能在这里看到这些古老的机器，过去只是在书本上看到，而这里的机器还在活生生地生产运转。所以我要告诉我所有的朋友，让他们来看这所丝绸博物馆。"

古代丝绸文物的研究复制，是苏州丝绸博物馆的一大亮点。因为古代丝织品是由蛋白质纤维所构成的，容易受腐损坏；一些珍贵的丝绸文物，因长期陈列展览而过早损坏，直至消失。因此，专家们提出用高档的丝绸

2017年11月6日，全国政协常委、著名作家冯骥才一行在苏州丝绸博物馆调研

2019年5月21日，第二届江苏发展大会暨首届全球苏商大会与会嘉宾赴苏州丝绸博物馆参观

文物复制品替代原件陈列的建议。早在筹建期间，苏州丝绸博物馆就已开始这项工作。尔后，又与中国历史博物馆再度合作，成功复制了"隋唐丝绸文物"四件，并荣获1996年度"国家文物局文物科技进步一等奖"。鉴于苏州丝绸博物馆在文物复制方面做出的突出贡献，1996年国家文物局发文，同意在苏州丝绸博物馆内设立"中国丝绸织绣文物复制中心"，成为国家认可的丝绸文物复制基地。

展室里有精致的丝绸文物陈列、奇妙的丝绸传统织造、独特的古代工艺表演、研究开发的科技新成果的展览；商场里可以挑选到别具风格的手工制品、丝绸工艺品；还可以欣赏到精彩的服装表演，亲自尝试饶有兴味的手工操作。苏州丝绸博物馆一反传统的仅刻板地、以灰暗格调反映历史的博物馆形象，成为一座新型的多功能的专业博物馆，充满了生机和活力。

经历了以商养文、大部分经费靠自身创收的阶段，2004年苏州市人民政府正式发文，将苏州丝绸博物馆由苏州丝绸公司所属，建制划归苏州市文广局管理，使其正式纳入博物馆管理系列。

第二节　光阴里的丝绸足迹

在历史上，收藏功能是博物馆最先显露的一个功能，亦是赖以存在的主要根据和物质保证。苏州丝绸博物馆的创办过程，亦是首先从收藏开始的。通过征集、复制和修复，保护与传承古代纺织珍品。可以说馆内的每一件藏品，背后都有着不为人知的故事。

隋代的丝绸服饰，因为年代久远，所以流传下来的并不多见，特别是形制完好的，更是少之又少。苏州丝绸博物馆所藏隋代"黄地套环联珠对鸟纹绮单衣"，虽然已比较残旧，但如此完整的衣形款制十分珍贵。这件文物的来历颇费周折，2001年左右，博物馆仍处于大部分经费需要通过经营活动或承接相关科研任务来筹措，没有专门的文物征集费。第一眼看到这件文物的时候，博物馆工作人员就觉得异常珍贵，下定决心，一定要让它留在苏州，留在丝绸博物馆。这件文物发掘于青海古丝绸之路，图案精美，形制完整，具有极高的收藏、展示和研究价值。和收藏家的谈判过程相当艰难，且其他多家博物馆也在努力争取该件文物。最终，收藏家将这件隋代"黄地套环联珠对鸟纹绮单衣"留给了苏州丝绸博物馆。

隋代"黄地套环联珠对鸟纹绮单衣"曾在展厅陈列展示，中国丝绸博物馆十周年的时候，也曾借去展出。但丝绸文物容易损坏，所以苏州丝绸博物馆的技术人员在加固处理后将其保存在库房。2004年，苏州丝绸博物馆陈列改造后再次展出了这件文物，之后一直保存至2016年丝绸博物馆整治提升重新开放才又展出，2017年3月又入库保存。当年参与谈判的苏州丝绸博物馆副馆长王晨对这件文物有着深厚的感情，作为丝绸文物

黄地套环联珠对鸟纹绮单衣，隋代，苏州丝绸博物馆藏

一城明月 半城机声

苏州丝绸的集体记忆

保护、研究及传统工艺挖掘的专家，她一直想做深入的研究，复制面料和形制，让原件尽量在库房多保存一点时间。她说有原件在是不一样的感觉，说明复制品有依据、有可靠性，它是有陈列价值和研究价值的。或许，不久的将来，她的这个心愿就能完成。

2012年，有市民向苏州市考古研究所提供消息，称在天平山脚下发现了一座古代墓葬，该所立刻成立考古小分队前往勘探挖掘。随着一块墓志铭的出土，工作人员终于确认这是范仲淹的十六世孙、明代诗文家范惟一。让人惊奇的是，这座墓葬已有400多年历史，其主人身上所穿的丝制衣服竟依然完好。苏州市考古研究所的考古领队立即将这一信息告知苏州丝绸博物馆时任馆长丁怀进，丁馆长随即安排王晨副馆长前往现场提取。王晨在墓葬现场发现，其中最外一层衣服所用的材料为丝质，并织有精美的花纹。原想一层层剥离提取，但现场条件不具备，最后只能将叠加的几层衣服整体剥离。苏州丝绸博物馆工作人员如获至宝，将之带回馆内。据王晨回忆，当时正值5月下旬，天气已较热，为防对丝织品造成不利，他们一刻也没敢耽搁，立刻组织专业人员进行清洗。由于墓穴中水银量大，清理工作颇具挑战。那些原本看似完整的服装，由于受棺木中大量棺液的腐蚀，一经触碰，丝织品即刻腐裂，特别是折痕处状况更为严重。所以经清洗后变成了十多块大小不一的衣片，即便如此，工作人员还是将衣片收集起来洗净晾干。然而，晾干后又发现丝织品的材质较硬，故又研究怎么进行柔化处理的问题。

经考古部门鉴定，范惟一是三品文官，这件"黄缎地柿蒂孔雀纹织成襕袍"是其身着的外褂，前胸花纹是江崖海水、牡丹孔雀，正说明了他的身份。这么一件有价值的文物，一定要让它复原，这是苏州丝绸博物馆工作人员的心声。历经半年的努力，2014年，这件"黄缎地柿蒂孔雀纹织成襕袍"终于得以修复并陈列于古代厅。2017年，该件"襕袍"被专家

黄缎地柿蒂孔雀纹织成襕袍，明代，苏州丝绸博物馆藏

四合如意云纹缎右衽女袄、女裙，明代，苏州丝绸博物馆藏

定为一级文物。

　　苏州丝绸博物馆内的收藏还有很多，比如出土于吴中区郭巷的明代"四合如意云纹缎右衽女袄、女裙"，上衣下裙，是典型的明代服饰，且女袄胸前织有官补，象征着主人地位尊崇。此外，还有很多珍贵的残片，具有极高的研究价值，比如内蒙古耶律羽之墓出土了一批丝绸，有锦、罗、纱、绢、绫，品种丰富，1996年，苏州丝绸博物馆受内蒙古考古所之邀，委派专业人员前往做文物的揭取和清洗工作，为该墓保留下众多丝织品，并填补了我国辽代丝绸实物的空白，该墓曾被评为当年全国十大考古发掘成果之一。其中，"菱纹花罗地菩提纹绣残片"即为比较有研究价值的宝贵资料之一。该件文物是苏州丝绸博物馆成立十周年之际，由内蒙古自治区文物考古研究

所捐赠。

考虑到不少文物尽管在库房保存严密、妥善，但久而久之，受到化学和物理作用，必然会逐渐损坏，尤其是丝绸文物，更易碳化和破损，直至消亡。自筹建之初起，苏州丝绸博物馆就通过复制的方法去保护文物，在陈列中，以复制品代替文物展出，使文物免于受损。

丝绸文物从映入科研人员眼帘，到复制出一件复制品，其过程凝聚了科研人员的智慧和心血。他们必须对文物原件进行分析和研究，获取组织结构、原材料以及染料、配色等基本信息，然后运用接近文物的生产工艺技术进行复制。

自筹建以来，苏州丝绸博物馆承担了多个复制项目，并多次获奖。比如《复制商代、战国及两汉丝织品》项目获国家文物局1991年度文物科学技术进步三等奖，这是文物复制首次取得科技进步奖项。所复制的5件文物，分别为战国"舞人动物纹锦""塔形纹锦"、西汉"绀地红花鹿纹锦"、东汉"延年益寿大宜子孙锦"、商代铜铲上的"素白绢"。1989年10月25日，在由国家文物局组织并主持召开的大型鉴定会上，与会者一致认为这是规模最大、历史最早、水平最高的古丝绸复制。

之后，苏州丝绸博物馆承担的《青海都兰热水出土唐代织锦复制研究》项目获国家文物局1996年度文物科学技术进步一等奖。共复制4件国家一级文物：簇四小窠镜花锦、簇四联珠对凤锦、宝花团窠对鸟锦和花瓣团窠瑞鸟衔绶锦。

苏州丝绸博物馆参加的国家文物局课题《东周纺织织造技术挖掘与展示》获国家文物局2009年度"文物保护科学和技术创新二等奖"。苏州丝绸博物馆负责了该课题中4件丝织品的复制研究工作，分别是狩猎纹锦、凤鸟枭几何纹锦、菱格六边形纹绦、中空斜纹斜编绦带。

下面以几件丝织品的复制过程为例，简要阐述苏州丝绸博物馆的文物复制工作。

1. 狩猎纹锦

2008年出土于江西靖安东周墓，这件提花织物令考古专家吃惊的是不仅颜色依然鲜艳，图案基本清晰，而且织纹细密精致，其结构分析为平纹经二重显花的经锦结构，朱红为地，深棕显花，特别是经线密度竟达到每厘米240根。这一结果不仅令考古专家震惊，而且在文博界、纺织界引起高度关注。人们一方面惊叹于东周时期织造技术已达到相当高的水平，另一方面也对首次发掘出这样高密度的织物在织造技术上的可能性存在一定质疑。因此，对该件织物的深入研究有着更加特殊的价值，意义也更为深远。

应江西文物考古研究所之邀，苏州丝绸博物馆于2009年1月初赴该文物保存地靖安县文物保护中心进行现场调研。该文物随整片衣物放置于半圆弧形状的棺底，呈现于服装的衣襟领处。考古人员为保护原件而特意还原其出土时浸泡在水里的保存环境。虽然为便于分析检测，工作人员特将水暂时抽掉，但依然很难近距离通过放大镜观察清楚。后来借助于出土时拍摄的高清专业照片进行观察、分析，最终测定了织物的各种数据。进行狩猎纹锦复制研究的目的，是以期通过实践来探索东周纺织技术，特别是古代织锦技术的科学价值。

经向密度越高，织造难度也越高。每厘米240根高经密的平纹经二重锦织造，在以往的研究及复制工作中没有遇到过，也没有相关的史料记载可查，装造设计显得至关重要。经过约4个月的探索，科研人员终于找到了解决问题的关键，其中综片的设置、穿综的方法及织造工艺是至关重要的。为便于项目研究和展示，他们专门复原了一台丁桥织机。历史上，丁桥织机是制织窄幅带状类、花纹循环较小、大都呈几何形图案织物的常用织机设备。因为前期研究和考虑问题比较细致，所以织造的过程比较顺利，最终以平纹型经二重组织结构的织造工艺复制完成。这一研究成果有力地说明了古代东周时期就已拥有了织造高密度织锦的精湛技术，不仅能科学地配置经纬线的粗细和密度，还能巧妙应用综片的程序运动织造出简单却又生动的图案造型，很好地将技术与艺术结合起来。

2. 凤鸟凫几何纹锦

出土于湖北江陵马山一号楚墓，文物原件是一件衾被，由两幅较为完整的织锦缝合，保存完好，纹样色彩丰富，织造工艺复杂，是东周织锦的典型代表。据考古报告描述，凤鸟凫几何纹锦采用平纹经二重锦组织，并由凤鸟、凫及重六边形、菱形等几何图案组成条带分区错位排列，呈现出丰富多彩的图案。

在分析测试了凤鸟凫几何纹锦原件并确定复制相关参数的基础上，研制人员确定了复制方案。他们选择多综多蹑织机，经过反复摸索确定原料的加工工艺流程、牵经工艺、穿综工艺，待装造结束，再进行上机织造。多综多蹑的织造难度非常大，由于凤鸟凫几何纹锦经密较大，而经线捻度较小，因此丝线之间的摩擦力增加，丝线毛糙，导致相互粘连，影响开口。研制人员以可溶于水的润滑白油对经线进行雾气式喷射替代了传统的上浆，并采用脚踏杆与手工提拉相结合的方式操作，确保了复制的质量。

3. 菱格六边形纹绦

出土于湖北荆州马山一号战国墓，文物原件位于一件长袍的衣领部饰边，织物厚实，织纹精致。

2009年1月中旬，研制人员在荆州博物馆对原件结构形态做了分析和相关数据的提取，由于文物不能外借或取样，而复制工作又很严谨，所以在荆州文物保护中心的协助下，他们借助高倍放大镜对织物工艺特征、原料种类、纤维粗细、经纬密度、图案构成、丝线颜色、门幅花回等方面做了检测，并采集了织物细部的放大图，以便于在复原过程中能够作为详细思考和研究的依据。

菱格六边形纹绦复原技术研究，关键在于分析清楚织物结构，设计可行的装造，使用相对合理的织造机具，在技术难度上，重点是如何实施纬线"穿绕式"的操作方法。研制人员在实践中深刻体验到这种纬显花绦类织物的编织工艺既简单又复杂，十分特殊，它既有纬二重织物的特征，又有挑经挖花的工艺，并且在纬线穿绕经线的操作过程中，有一个"回纬"现象，但又与缂丝的"回纬"截然不同，相当于在面料上"刺绣"，可称为古代的织绣结合。所以他们认为菱格六边形纹绦在技艺上是多项技术的综合体，不仅织物结构稳定，而且织纹细腻。

通过复原制作工艺的研究，研制人员比较深刻地了解了这种独特的编织技术，并对该类织物已有的研究成果做了技术上的完善。这是我国古代劳动人民在纺织技术方面又一智慧结晶的体现。

4. 中空斜纹斜编绦带

编织带是绦类织物中的一个种类，编织技艺是人类经历了漫长岁月而产生形成的，不仅历史久远，种类丰富，还体现了能工巧匠心手互动、配合默契的智慧。中空斜纹斜编绦带2008年出土于湖北荆州八岭连心石料厂，为衣服上的镶边和衣带，结构较松，为双层中空管状的斜纹型编结构组带，原件大部分与衣服相连，基本完整，少部分已脱离衣缘处的绦带丝线呈现朽腐。研制人员看到该件文物时，还处在刚发掘后的整理中，衣服为湿状，颜色呈深褐色，加之带子又很细窄，所以检测工作比较艰难，但借助荆州文物保护中心的高倍放大镜，他们提取了原件的相关数据，包括丝线形态、密度、绦带宽度及丝线根数、绦带色彩。

根据文物原件的检测结果，研制人员进行复原工艺的研究，确定复原方案。

在丝线选择上，采用较接近于原件纤维形态的柞蚕土丝。在编织工具上，他们查阅相关研究资料，了解到中国的少数民族地区及日本、韩国编织单层组带的方法有卧式和悬挂式两种，而该织物为管状中空结构，无法照搬使用，但设想可以参照这种工具的工作原理做改进。经过反复试验探索，设计了这样的工具：由两个三角支架与两根横杆构成一个方形框架，上端设有一个圆形横杆，用以固定丝线及卷取编织好的绦带，下端有两根呈直角的木条固定在框架上，其正反两面钉有若干小钉。每根丝线一端固定于框架上的横杆，另一端卷绕在重锤物上，临挂于设置的小钉旁，以使丝线形成一定张力并便于及时调整位置。通过实验性的模型编织，达到了双层管状编织要求。这为制定斜编衣带的复制工艺奠定了基础，也使研究工作的进程得以突破。

编织操作时将所需丝线分成四组，在框架的两面分别做左斜或右斜的斜纹组织交织排列，两面边缘的丝线在结束第一轮编结后，需做交叉互换并不断移位，以此循环形成中空管状的斜纹型斜编结构。最终编织形成的管状绦带在结构、尺寸宽度、色彩上均与原件十分相似，以此证明所研究的方案及操作方法是基本可行的，对以后类似结构的中空管状编织物研究具有一定借鉴价值。

5."五星出东方利中国锦"护膊、"王侯合昏千秋万岁宜子孙锦"衾被

1995年，新疆维吾尔自治区文物考古研究所"中日尼雅遗址联合考察队"在新疆维吾尔自治区民丰县尼雅遗址（汉晋时期绿洲城邦古国"精绝国"）考察过程中，发现了一群汉晋墓葬，这批墓葬中出土的丝织品品种丰富、品

质最高、保存最完整，其中3号墓所出"王侯合昏千秋万岁宜子孙锦"衾被和8号墓所出"五星出东方利中国锦"护膊后来被定为国家一级文物中禁止出境的尊贵国宝级文物。

苏州丝绸博物馆在1996年就应新疆维吾尔自治区文物考古研究所之邀，对这批丝织品做过初步研究分析，为考古发掘报告中的丝织品部分提供了技术分析资料。

选择这两件文物进行复制，有着不为人知的故事。据王晨回忆，在新疆对该批尼雅3号墓和8号墓出土丝织品做检测研究分析时，就对这两件品质极高的文物印象非常深刻，并在现场临绘了纹样，记录了织物的结构及丝线的色彩，由于太精美，当时就有一种强烈的愿望，希望将来能有机会进行复制。这两件文物曾在上海博物馆和国家博物馆分别展出过半年，1999年1月在国家博物馆展出时，时任钱小萍馆长和王晨携带在新疆检测分析时的记录本有备而往。对比1996年记录的颜色，显然文物已出现较严重的褪色现象。这一事实让新疆维吾尔自治区文物局和国家博物馆认识到文物复制的必要性、重要性和紧迫性，于是联合向国家文物局递交报告，得到同意由苏州丝绸博物馆进行复制的批复，批复中除了这两件文物的复制外，还包括新疆吐鲁番阿斯塔那出土的南北朝"灯树纹锦"。本着"尊重原文物，不容许一点差错"的原则，1999年9月，钱小萍带领沈惠、罗正义专程奔赴新疆维吾尔自治区，对文物原件进行测试分析和研究。因为年代久远，织物不能用手触摸和拆拨，测试难度很大。幸亏早期对墓葬出土丝织物进行分析的时候，他们已经具备了一定的感性认识，掌握了第一手资料，因此后期根据文物照片就能够进行织物规格的确定和意匠图的绘制。

（1）"五星出东方利中国锦"护膊由三种面料组合而成，分别是一种锦和两种绢，用作护膊的锦面、衬里、包边和膊带。锦面四面用素绢包缘，长边各缀有三根黄绢带。

第二节 光阴里的丝绸足迹

护膊锦面上有独角瑞兽纹、虎纹、孔雀纹、吉祥鸟纹和云气龙纹，并有"五星出东方利中国"的吉语文字，日月同心圆纹点缀其间，配色设计以青、赤、黄、白、绿五色见出。据专家考证，织锦上织出的"五星出东方利中国"铭文，是我国古代先民通过对五大行星的星占学考察，逐渐总结、归纳出来的占辞术语，而能够使用这些星占用辞并织入锦中，只能是具有皇室身份的人才能佩用。

护膊锦面织物结构为五重平纹经锦结构，由五组经线和一组纬线组成，经密为每厘米 220 根，从单位体积的丝线增多的状况分析，在织机装造、花本制作、织造技术方面难度很高，说明汉代的丝织生产技术在经向显花的织锦上已发展到了极盛。

护膊锦面的复制，是该件文物研究工作的重中之重，也是文博界、学术界最为关注的一项研究工程。研制人员对该件文物的复制方案多次讨论，经反复研究确定了较为科学可行的工艺，并在试制过程中根据实际情况做局部调整、改进。

图案复制的正确性是体现复制件神似的重要环节，由于文物原件不能借出，科研人员只能借助图片放大的效果来仔细观察和分析图案结构，以及每组经线显花时与其他经线的组织关系。而花本制作应是将这件精美绝伦的纹饰在织物上得以显现的一道重要工序，凭借科研人员多年的文物复制经验，制定装造规格。关于丝线的颜色确定，以在文物保存现场记录的色标作为染色标本，因为记录时的文物刚被整理取出，色彩分辨度比较高，又是直接对照着原件反复比较色相色明度后才确定的，应该较为准确。关于染，他们则是在对汉代的染色工艺技术做出基本研究的基础上进行的，基本采用植物染料进行染色，以高标准还原丝绸文物。

护膊衬里、包边和膊带的复制，同样具有举足轻重的作用。在这两种素绢的复制过程中，为了使复制件尽可能近似原件，体现质似和神似的原则，虽然用量极少，但科研人员还是非常严谨地采取传统的工艺和手工制织，并结合植物染色，以达到与原件相一致的经纬密度、质地效果和色彩效果。

（2）"王侯合昏千秋万岁宜子孙锦"衾被出土时保存得比较完整，色彩沉稳而鲜艳，织纹用多种造型的茱萸纹、舞人和隶书汉文字组合而成。织锦结构为四重平纹型经锦，由四组经线和一组纬线构成。

该件织锦工艺技术和"五星出东方利中国锦"基本类同，但也有不同，其中一个关键难点是该件织锦的经线中有一组经线采用了彩经分区排列的工艺，使四重织锦织物增加了一种色彩，丰富了图案层次和色彩效果。这也是汉代织锦的特点之一。因此，在对该件文物进行复制时，牵经工艺显得较为突出和重要。由于没有原件可随时对照，研制人员只能依据放大的较为清晰的照片来详细分析，根据组织点将显花经线用意匠色表示出来，通过逐根经线和逐根纬线的分析、移绘，较为准确地确定黄绿亮色交替的位置，以及各自的排列根数，从而准确地确定了总经线数，为牵经工艺的实施打好基础。

在织造中操作难度也是相当大的，为解决织造中因摩擦力作用而出现的丝线发毛问题，研制人员做了多方面的尝试，然而，织物试织出来后，发现其地较厚，使图案显得较粗犷，另外，黄色和红色经线的色彩与原件相比有差异。本着对文物复制的严谨态度，研制人员决定在现有规格基础上，再次对经线的纤度和色彩做核实、调整，重新调整后的经线，经制织，终于达到了织造要求和复制要求。

经过5年的研究和试验，2006年，"五星出东方利中国锦"护膊、"王侯合昏千秋万岁宜子孙锦"衾被复制品通过专家验收，并被国家博物馆和新疆维吾尔自治区文物局收藏。国家文物保护所原所长王丹华、清华美院教授黄能馥等专家称赞复制品"质似、形似、神似"，复制技术已达到国际领先水平。

第三节　苏州丝绸的未来与发展

苏州丝绸在中国丝绸史上历来占据着重要地位，现代丝绸工业发展更是为苏州的经济和文化做出了重要贡献。从地理位置来说，苏州位于太湖流域，拥有肥沃的水土、宜人的气候和发达的轻工业，为丝绸的发展打下良好的基础。随着产业结构的调整，苏州丝绸制造业也逐步向西部转移，姑苏区内大型的生产加工厂已不复存在。但在苏州地区仍拥有着一定数量的真丝绸织造生产企业和优质真丝绸产品，如吴江地区的华佳集团、鼎盛丝绸公司、同欣丝绸公司、新民丝绸、新联丝绸等，其生产技术、研发能力、产品质量在全国仍处于领先水平。

这些企业的产品特色明显，文化内涵深厚，创意水平较高，成为苏州丝绸产品的特色。如天翱特种丝绸织造公司、仁和织绣公司、圣龙丝织绣品公司、锦达丝绸公司等企业生产的宋锦、罗、绢、缂丝等，吴江震泽镇以慈云蚕丝、太湖雪丝绸、丝立方丝绸、山水丝绸、辑里蚕丝为主体的一大批蚕丝被家纺企业。苏州丝绸生产量在国内仍占有一定量的比例。

苏州市区丝绸历经十多年涅槃，丝绸产业得到了新的发展，产生新的业态，已经从过去以单纯绸缎加工为主，成功转型为丝绸终端产品生产和丝绸商贸经营区域。目前，丝绸的终端产品引领丝绸产业链的发展，丝绸商贸成为苏州丝绸的主角，其销售规模等都超过以往，各类丝绸商品包括来料加工、出口贸易、旅游商品等年贸易额约50个亿。

丝绸的内外销旅游定点商场和各类工业旅游景点有十多家；以"绣娘""吴绫""乾泰祥"为首的一大批丝绸品牌商号、店铺星罗棋布，遍

丝博外景

一城明月 半城机声

苏州丝绸的集体记忆

及全市；新型营销模式如电子商务、网购网销、电视购物、展示展览以及丝绸品收藏等发展迅猛；"都市丝绸"崭新理念和现实形成，苏州成为江苏省乃至全国丝绸终端产品生产和贸易的主要集散地。短短几年，被人们忘却的苏州丝绸又被重提，多年不见的苏州丝绸再次享誉市面。

　　丝绸的文化属性已越来越被人们看重，表现得也越来越突出。传统织锦、刺绣、缂丝等丝织产品已发展到各种高档的艺术产品、商务礼品以及奢侈品。大型的真丝装裱，以及宾馆与家庭高档的装潢装饰等家居应用也正以前所未有的发展速度进入各种现代服务及创意领域。丝绸不能与化纤来"拼"，也不能用化纤的理念来解说传统的丝绸。丝绸是物质产品，也是文化产品。当今，丝绸产品应当更多地满足人们的文化需求，更多地关注它的文化属性，把丝绸做精、做新、做品牌，做出它的高品位、高附加值，让丝绸产品成为人们的一种精神文化享受。因此，文化的元素、创意

【第四章】

第三节 苏州丝绸的未来与发展

丝博历史馆之"蚕桑居"

的思路、创新的技术是引导丝绸再发展的唯一道路。

有着深厚丝绸文化的苏州,丝绸教育也处于全国领先地位,各类院校有,苏州大学纺织与服装工程学院、艺术学院、应用生物学系,苏州经贸职业技术学院,苏州市职业大学现代丝绸研究所,苏州工艺美术职业技术学院,苏州丝绸中等专科学校等。其中,苏州大学建有国内唯一的现代丝绸国家工程实验室、省重点丝绸工程实验室、省丝绸技术服务中心等。现有与丝绸科学有关的一级学科博士点1个、二级博士点4个、硕士点4个,以及博士后流动站等。每年都要与相关企业通过产学研合作完成许多丝绸科研、技改、新品等项目。

而苏州丝绸博物馆更是全国最早建立的丝绸专业博物馆。2004年1月起,原隶属于苏州市丝绸集团有限责任公司的苏州丝绸博物馆成建制划

丝博历史馆之"非遗厅"

归苏州市文化广播电视管理局；2005年10月，苏州丝绸博物馆闭馆3个月，对古代馆等陈列进行了新馆落成14年以来的首次调整，于2006年1月18日重新开馆；2011年12月推出新展区——"姑苏锦苑"，以苏州地区出土的丝绸文物和历史遗迹为主要内容，填补了原有陈列中缺失的部分，强化呈现苏州丝绸的渊源文化；2015至2016年，苏州丝绸博物馆在苏州市委、市政府的高度重视下，进行了整体改造提升。展馆面积从2000多平方米增加到4000平方米，使丝绸博物馆的社会服务功能大幅增加，更显专业特点和地方特色。可以说，改造后的苏州丝绸博物馆是一座现代风格和古典韵味相融合的艺术建筑。

近几年，苏州丝绸博物馆在陈列展览、开放服务、文物保护、非遗传承等方面取得了丰硕的成果。"苏州丝绸博物馆历史馆基本陈列"荣获首

【第四章】 第三节 苏州丝绸的未来与发展

丝博历史馆之"古代厅"

届"江苏省博物馆十大精品展览"精品奖，原创展览"锦绣华冠·中国三大名锦文化展"入选江苏省文物局"2019年馆藏文物巡回展"项目。

苏州丝绸博物馆荣获苏州市文明单位、苏州市五一劳动奖状。

2017年度获得"十佳体验站"光荣称号，连续多年被评为"优秀体验站"。荣获2018—2019年度苏州市未成年人思想道德建设工作先进集体。

苏州丝绸博物馆依托可移动文物（织绣类）修复一级资质，持续开展文物保护工作。承担厦门博物馆馆藏清代圣旨修复和仿制、连云港市博物馆藏珠慧长生图绵衾的研究及复制、泰州博物馆明代丝绸服饰藏品修复、苏州皇冠山出土的明代丝绸服饰修复研究利用等多个文物保护科研项目。

作为宋锦织造技艺和漳缎织造技艺两项非遗的保护单位，苏州丝绸博物馆实现传统丝织技艺研究生产、保护传承与参观展示互相融合的运作模式。在苏州丝绸博物馆内建立宋锦织造技艺传承基地，科学复仿制一批珍

丝博现代馆

丝博少儿科普馆

一城明月 半城机声

苏州丝绸的集体记忆

【第四章】 第三节 苏州丝绸的未来与发展

"锦行天下——中国织锦文化展"开幕式

贵的宋锦文物。苏州丝绸博物馆复制的故宫博物院二级甲等文物"湖色缠枝牡丹纹漳缎"历经多年研究,实现关键技术的突破,复制品正式入藏故宫博物院。

苏州丝绸博物馆以弘扬丝绸文化、保护丝绸文物、传承丝绸技艺、传播丝绸知识为宗旨。在"一带一路"的时代背景下,苏州丝绸博物馆将以新丝博、新追求、新梦想为目标,发挥传统优势,强化服务功能,打造新的亮点,运行管理进一步专业化、规范化、现代化,在陈列展览、社会教育、宣传推广、基础业务等方面努力提升,扩大业内影响力,提高社会知名度,扬起苏州丝绸的旗帜,开创苏州丝绸博物馆美好的明天。

图书在版编目（CIP）数据

一城明月　半城机声：苏州丝绸的集体记忆 / 魏保信，朱艳主编. — 上海：文汇出版社，2022.1
ISBN 978-7-5496-3694-5

Ⅰ.①一… Ⅱ.①魏… ②朱… Ⅲ.①丝绸工业－经济史－苏州　Ⅳ.①F426.81

中国版本图书馆CIP数据核字（2022）第012505号

一城明月　半城机声：苏州丝绸的集体记忆

主　　编 / 魏保信　朱　艳
责任编辑 / 吴　斐
装帧设计 / 刘　啸

出版发行 / **文匯**出版社
　　　　　上海市威海路755号
　　　　　（邮政编码200041）
印刷装订 / 苏州华美教育印刷有限公司
版　　次 / 2022年1月第1版
印　　次 / 2022年1月第1次印刷
开　　本 / 787×1092　1/16
字　　数 / 50千
印　　张 / 7.25

ISBN 978-7-5496-3694-5
定　　价 / 58.00元